発達心理学をアクティブに学ぶ

山本真由美 編著

北大路書房

はしがき

　この本を手にしているあなたは，いろいろな目的から発達心理学のことを学ぼうとしていると思います。本書は，教職課程の発達心理学と教育心理学の発達領域，および，2015（平成27）年9月9日に議員立法により成立し，同年9月16日に公布され，2017（平成29）年9月15日に施行された公認心理師法のカリキュラム検討の留意点とカリキュラム到達目標を視野に入れた構成にしました。

　まず，章の構成から説明しましょう。第3章以降の最後に「課題」と「用語の説明」を入れています。課題は，後で述べるアクティブラーニングと公認心理師のカリキュラムの到達目標の1つである問題解決能力（自分の力で課題を発見し，自己学習によってそれを解決するための能力を身につける）とが関係します。課題を例題的に設定し，それを考えた内容を実証という部分に示しています。別の考えや論理があると思います。そのような視点を持って理解していただければと考えています。「用語の説明」は，現在（2017年時点）ではインターネットなどで簡単に検索できるものかもしれませんが，キーワードの意味も含めて記載しています。

　次に，学び方です。これは第1章で金西がアクティブラーニング（active learning）と反転授業（flipped learning）とは何かを，事例を使って解説するとともに，インターネット上にある多くの情報の信頼度についても説明しています。また，第2章で高橋がインストラクショナルデザイン（instructional design）について，やはり事例を使って概説しています。今（2017年時点），なぜ，アクティブラーニング，反転授業，インストラクショナルデザインが必要なのでしょうか。これには ICT（Information and Communication Technology：情報通信技術）の発達があります。大学では，e ラーニング（electronic learning: e-learning）という情報技術を用いて行う学習（学び）が行われています。授業科目によっては，教材が

サーバー（web上にさまざまなデータを保管するもの）上に置かれていて，授業前にあらかじめ学習をしたり，質問に解答したりする形式を取り入れているものもあります。2016年5月に総務省は，「教科書の内容をタブレット端末などに収めた『デジタル教科書』の普及に向け，無線LAN『Wi—Fi』を導入する方針である」としています（2016/5/8 2:00 日本経済新聞　電子版）。このように学校教育場面にICTがどんどん導入されてきています。また，学ぶべき知識はどんどん増えています。今までのような教師が一方向的にテキストに書いてある知識を伝えるという教授方法は時流に合ったやり方といえるでしょうか。Mcfall（2006）は，ICTが発達した時代ではインターネットを使用して知識内容の教育をすべきであり，科学的問題解決法の共通訓練を対面授業で行うべきであり，それらを通して生涯持続する高次の知識を身につけた人間を養成すべきであると述べています。

　本書では2つのことを目的にしています。1つは，発達心理学の基本的な知識を身につけることです。次に，それらの知識を踏まえて，社会における心理学の問題を通して人間が生きるとはどういうことかを考えながら，その問題の解決に至る方法を見いだし，実践してもらうことです。

　本書だけでは，発達心理学の知識を十分に学べません。本書の内容を足場，手がかりにして，あなた自身で課題・問題を設定し，図書・論文・インターネット等を活用し，その課題・問題について考えたことを，まずは小グループの人に対して，あるいは，授業・学会などでの口頭発表，論文や書籍などの文書，インターネットなどの電子媒体と通した公開など，さまざまな方法で公表するようにしてくださることを期待します。本書（p.40）に，発達心理学をアクティブに学ぶためのルールと目標を示していますので，参考になさってください。

編著者

山本　真由美

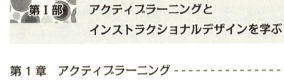

第 I 部

アクティブラーニングと
インストラクショナルデザインを
学ぶ

インターネットが発達し，さまざま情報はイ
ンターネットを通して容易に獲得できるように
なりました。そのような環境で，思考する道筋
と発信する方法を学ぶために必要なアクティブ
ラーニングとインストラクショナルデザインに
ついて，まずは詳しくみていきましょう。

第1章

アクティブラーニング

1節　アクティブラーニングとは

1.1　アクティブラーニングの定義

　みなさんには，友達や後輩に，何かを教えた経験はありますか。その際，他者に教えているのにもかかわらず，かえって自分自身のほうが教えようとしている内容について腑に落ちるといった経験をしませんでしたか。誰かに教えながら，「これって，こういうことだったのか！」と納得するという体験です。これは，学ぶという活動の奥深さを表した事例です。

　みなさん，学習について思い浮かべてください。「学習」というと先生の講義を聴くこと，つまり講義のイメージを持つかもしれません。先生に教えてもらったから，わかるのだと考えていますか。じつはそうではありません。教えてもらったからわかるわけではないのです。先生の話を聞いて，みなさんの頭の中で情報処理が行われ，理解する，あるいは，わかるのです。みなさんが学ぶことで，わかるようになるのです。学習は，みなさんにとって主体的な活動です。だから，居眠りしている学生の前で，世界一教えるのがうまい先生が何時間授業しても，何も伝わりません。

　ただ，学校の現場では，一定期間で，一定量の知識を伝達しなければならないという制約が存在します。そのため，どうしても一方的に話すという形，講義形式の学習に偏りがちです。

　先ほど述べたように，学びは主体的な活動です。聞くという活動からだけ構成されるわけではありません。むしろ，手を動かす，しゃべるといったいろいろな活動から学習は成り立っています。こ

の「学習はいろいろな活動から成り立っている」ということが近年見直されています。21世紀に入って，教育がグローバル化し，日本においても単位の実質化がうたわれるようになりました。その結果，「アクティブラーニング（active learning）」と呼ばれる形態の授業が導入され，大学教育に広がっています。もちろん，これまでも大学では，アクティブラーニングに相当するような授業は行われていました。言葉が改めて定義されたわけです。

ボンウェル（Bonwell, 1991）によれば，アクティブラーニングとは，「学習者に何を行うかを考えさせ，何が行ったかを考えさせること」とされます。

溝上（2014）は，アクティブラーニングを「一方的な知識伝達型講義を聴くという（受動的）な学習を乗り越える意味での，あらゆる能動的な学習のこと。能動的な学習には，書く・話す・発表するなどの活動への関与と，そこで生じる認知プロセスの外化を伴う」と定義します。

筆者の所属する徳島大学（2015年現在）では，アクティブラーニングを「教員による一方向的な知識伝達とは異なり，課題演習，質疑応答，振り返り，グループワーク，ディスカッション，プレゼンテーションなどを取り入れることにより，学生自らが考え抜くことを教員が促し，学生の能動的な学習を促進させる双方向の教授・学修のこと」と定義しています。

アクティブラーニングを理解しようとする場合，いろいろな定義が流布し，煩わしいかもしれません。しかし，定義をいろいろ調べてみると，共通の概念を示していることがわかります。みなさんも，アクティブラーニングについての定義を調べてください。そのうえで，自らの言葉でアクティブラーニングを定義してみてください。自らの言葉でアクティブラーニングを定義することは，アクティブラーニングに対する理解を深めるうえでとても重要です（中井，2015）。

Let's Search!!

アクティブラーニング
定義

1.2　アクティブラーニングの姿

　アクティブラーニングは，これまでの授業のイメージを一変させます。みなさんは，授業とは教室で先生の話を聞くことだと理解していると思います。

　今，スマートフォン（以下，スマホ）を持っているなら，ブラウザを起動してみてください。そして，検索サイトで，"ハーバード大学"や"スタンフォード大学"といった世界の著名な大学の名前と，"MOOC"という単語で検索をかけてください。検索結果に何が表示されましたか。きっと，みなさんが入力した大学の授業が公開されているサイトが見つかると思います。

Let's Search!!

ハーバード大学
スタンフォード大学
mooc

　世界中の有名な大学は，こぞって自らの授業を公開するMOOC（Massive Open Online Course）という活動に取り組んでいます。みなさんは，気に入った講義をスマホやPCを通じて視聴することができます。世界の一流大学の授業を，自宅や通学中に受けることができるのです。

　インターネットの普及によって，私たちの生活は大きく変化しました。教育の現場も同様です。これまで高等教育における教育の環境は，数百年間変化しませんでした。教室という物理的な空間が用意され，学習者と教員が揃って教室で講義が行われてきました。そこでは，紙媒体の教科書やプリントが用いられます。教室での一斉講義，紙媒体としての教材を使用するというスタイルは，長らく教育現場で用いられてきた枠組み（フレームワーク）です。しかし，前記したようにこの堅牢な枠組みが近年揺らぎ始めています。具体的にはMOOCのような，いつでも，どこでも，誰でもが参加できるオンライン学習サービスが提供されています。知識を得たいのであれば，教室で講義を受ける必要はなくなったのです。PCやスマホから，オンデマンドのビデオで講義を視聴し，画面上の演習問題に解答します。みなさんの解答は瞬時にサーバに保存され，解析され，正誤や補足説明などのフィードバックが返されます。もちろん，

教員や他の学習者と，電子メールやソーシャルメディアを通じてコミュニケーションをとることもできます。そして，みなさんが優秀な成績を修めたなら，シリコンバレーのどこかの企業から就職の誘いがあるかもしれません。グローバルな世界では，学習への渇望があります。学びたくても学べない人がたくさんいます。紙の卒業証書が欲しいのではなく，実質的な知識やスキルを身につけたいのです。そういった実質的な学びの要求に応えるため，新しい学習環境が次々に整備されました。結果，知識の伝達を教室で行う必要はなくなりました。

　古い枠組みに変わって，新しい枠組みが生まれてきました。学習者中心，高度個別学習，深い学習，能動的学習などといったキーワードが勃興し，新しい枠組みへの指向が先鋭化しています。それが，アクティブラーニングです。もちろん，教育の枠組みが変化しても学習の本質は変化しません。新しい教育の枠組み，アクティブラーニングが目指すのは，学習に伴うさまざまな活動を積極的に促すことです。学習の効果を高める，学習を実質化することを目指しています。

　教室では一斉講義は行われません。みなさんが主体的に活動をする場となります。他の学習者に何かを教える，あるいは，一斉に議論する。グループで，意見をまとめる。さまざまな活動が行われます。教員は，教える存在ではなく，みなさんの活動を支援するコーチやメンターといった存在になります。アクティブラーニングでは，みなさんが主役となります。アクティブラーニングを通じて，能動的な学習の態度を身につけることが目指されます。

1.3　アクティブラーニングの 1 つの例：反転授業とは

　アクティブラーニングの 1 つに，反転授業（flipped classroom）あるいは反転学習（flipped learning）と呼ばれる学習形態があります。アクティブラーニングを理解するため，ここでは反転授業を取り上げて説明します。

　東京大学の山内（2015）が flipped classroom に対し「反転授業」という呼び名を用いました。反転授業とは，ICT によるオンライン学習と対面授業を組み合わせた授業形態のことです。反転授業は，欠席の多い学生への対策の 1 つとしてアメリカやカナダの高校から，2000 年頃より始まったといわれています。

　一方，反転授業が生まれる背景に，大規模なオンライン学習サービスが，容易に手に入るようになったことがあげられます。インターネットでの大規模なオンライン学習サービスは，2006 年ヘッジファンドに勤めていたサルマン・カーンが遠く離れた歳下のいとこに算数を教えるためにインターネットの動画サイトに投稿した学習コンテンツの動画がわかりやすいと評判になり，やがて，オンライン学習サービスのカーンアカデミーを立ち上げたことに始まります。カーンアカデミーは，学習機会が十分に得られない世界中の子どもに対して，無料で学習コンテンツを提供し，主に初等・中等教育，あるいは高等学校の内容を扱っています。高等教育の世界でも，カナダのマニトバ大学やアメリカのスタンフォード大学を中心に大規模なオンライン学習の提供が始まりました。今では MOOC として知られるこの流れは，あっという間に世界を覆いました。MOOC では，オンライン学習を提供する団体のことをプラットフォームと呼びますが，スタンフォード大学を中心とした Coursera やハーバード大学や MIT を中心とした edX，あるいは Udacity といったいくつものプラットフォームが生まれ，膨大なコースが提供されています。日本でも JMOOC という団体が設立され，コースを提供しています（重田，2017）。

　反転授業では，誰もが，いつでも，どこでも学習できるオンライン学習の環境が整えられたことを受け，オンライン学習と対面授業を組み合わせることが考えられました（森・溝上，2017）。

　一般的な大学の授業というのは，講義形式で行われます。教師が教壇から学生に対し知識の伝達を行い，学生は教師の言葉に傾聴するというものでした。学習者は授業後，自宅で復習を行うというス

タイルです。一方，反転授業は，知識伝達を自宅で，復習を教室で行います。教室と自宅の役割を入れ替えるのです。自宅で予習を行い，教室で復習を行います。自宅では，インターネットを通じ配信される講義風景の映像を，PCやスマホで視聴します。教室で行われた知識伝達は，予習として自宅で済ますことになります。対面の授業では，あらかじめ知識伝達が済んでいることを前提に復習が行れます。復習には，知識の定着を目指した演習や，知識を深めるためのグループ作業，プレゼンテーション，全体討論などが行われます。一口に反転授業といっても知識の定着を目指す完全習得型と，知識を深め学習の発展を目指す高次能力型として，学習の目的によって対面授業の内容が異なります。

　反転授業は，オンライン学習の予習と，復習のための対面授業から構成されます。オンライン学習では，講義の様子を撮影した動画が，動画配信サイトからオンデマンド形式で配信されます。動画の詳細はMOOCのサイトをご覧ください。予習用の動画がいったいどんなものなのか，具体的な事例を見ることができます。もちろん，予習のための教材は動画に限りません。PDFなどのファイルとして配布される読み物としての教材も閲覧可能です。また，予習においては，学習の内容を確認するためのクイズや課題レポートなどが用意されています。課題が課せられるのは，教師は学習者の予習の内容を確認する必要があるからです。多くの学生がどこでつまずいているかがあらかじめわかれば，対面授業で解説を行ったり，演習問題を用意することができます。教員は，学内に用意されたLMS（Learning Management System）などに，予習の教材や課題をアップロードしておきます。対面授業は復習という位置づけが規定されていますが，内容に関しては決まっているわけではありません。授業を実施する教員が，授業の目的に合わせて，自由に計画，実施することになります。つまり，反転授業というのは授業の単純な枠組みを示しているだけです。予習に関して，オンライン学習の構成はある程度示されていますが，対面授業の構成について詳細は規定

されていません。具体的にどのようなことを行うかは，教員の自由
裁量に任されているのです。

　反転授業が，日本の大学関係者の注目を集めたのは，その学習効
果の高さからです。スタンフォード大学の医学部や，サンノゼ州立
大学の工学部で行われた反転授業の事例が日本でも紹介され，高い
学習効果が報告されました。反転授業のもたらす学習効果は，授業
外に一定の学習時間を確保することに基づ
くと考えられます。日本の大学生の授業外
学習時間が，諸外国の大学生と比べて少な
いことは多くの調査から指摘されています。
学習時間を確保することは，大学生の学習
の質保証の大きな課題となっています。反
転授業は，予習という形で授業外の学習を
確保します。予習や復習という習慣を持たなかった学習者にとって，
やや強制的ではありますが予習を習慣づけられることは，学習の成
果を生み出す源泉となります。無論，教師は今までも盛んに予習を
推奨してきました。しかし，多くの学生は予習を行いませんでした。
紙のプリントや教科書を与え，自主的な学習を促しても，動機づけ
(▶第8章3節 p.129参照)は弱かったわけです。そこで，視聴覚に訴える
教材が出てきました。聴覚や視覚に訴えることで，刺激が強くなり
ます。本の読み，文字を追うより，ラジオを聴く，ビデオを観るほ
うが，抵抗が少ないわけです。また，対面授業の教室で講義を行わ
ないことで，学習者は予習の必要性を理解します。結局，予習を行
わないと不利になるわけですから，学習者は予習に取り組むように
なります。

Let's　Search!!

反転授業
スタンフォード大学
医学部
サンノゼ州立大学工
学部

1.4　アクティブラーニングの効果と課題

　アクティブラーニングには，これまでの教育とは異なる新たな効
果が期待されています。単なる傾聴による学習よりも，知識の活用
が効率的に行えるようになること，あるいは，深い学習を通して学

習意欲の向上や好奇心を高めることが想定されます。最終的に，能動的に学習に取り組む態度が得られると考えられています。

　一方，アクティブラーニングの課題としては，効率が指摘されることが多いように思われます。効果は高いものの，効率は低いと受け止められているようです。アクティブラーニングにおいて効率と効果は，トレードオフの関係のようにみえます。アクティブラーニングは，学習者のいろいろな活動を促すため，準備や仕掛けが大変です。たとえば，教師にとって教材の準備は大変です。具体的なアクティブラーニングの形態によって形式は異なるものの，プリントなどの資料を作成しなければなりません。講義形式のように，既存の教科書をそのまま利用するわけにはいかないからです。毎回，独自の資料を作成することの負担は大変なものになります。場合によっては，ビデオの映像を作成しないといけないかもしれません。

　しかし，準備にかかる負担は，情報通信技術の活用などにより活路を見いだすことが可能です。自分のつくった教材を公開し，多くの人と共有しようとする流れが，世界には存在します。まだ，教材のコンテンツの蓄積は少ないのですが，今後，コンテンツの蓄積は進むと思われます。教材が蓄積されれば，良質な教材の数も増えることになります。もちろん，共有に抵抗を感じる教員も多いと想定されますが，インターネットを構成する考えの根底には，共有するというアイディアが息づいており，MOOCにみられるような教材の共有はこれからも進むと考えられます。指摘されているトレードオフの問題は，情報通信技術をベースに提供されるいろいろなサービスや，デジタル化されたコンテンツの共有を進めることで，やがて解消されると筆者は信じます。さらに，いつでも，どこでも学習できる環境が整備されれば，時間的な制約はなくなるともいえます。対面授業の枠は存在しますが，アクティブラーニングは教室の外に広がり，授業時間を超えて学習が行われるようになれば，授業時間内という制約は意味がありません。

　また，アクティブラーニングは，学習成果の評価があいまいであ

ると指摘されることがあります。学力をスキルと捉えた場合，"何かができるようになる"という形で目標が示されます。スキルを測るには，いろいろな観点が存在します。単純な物差しは存在しないのです。複数の指標を設定し，複数の指標を総合的に判断するというのは，公平性を担保するといった点からも，実際に評価を実施するには大きな苦労が伴います。

2節　アクティブラーニング導入の契機となった学力観の変化

　ここでは，学力観の変化によってアクティブラーニングが求められるようになった理由について考えます。教育を取り巻く諸科学において，1980年代後半から2000年頃にかけて，連続的に学力観の転換が起こりました。新しい学力観では，学力を一種の"能力"として捉え，その結果，学習は訓練や育成として理解されます。学習者は「学ぶことを学ぶ」ことを目指すことになります。また，学習は外界，他者との相互作用の影響を強く受けることもわかってきました。目指すものは能力なので，習熟することが可能であり，反復的な練習を経ることで習熟に至ると考えられます。わかるという体験を繰り返すことで，学習者の持つ認知的な学習機構の習熟に到達します。つまり，「学ぶことを学ぶに至る」と考えられます。もちろん，学ぶことを学ぶためには，従来のように演習問題を繰り返し解く以外にも，いろいろな方法が考えられます。聴いたことの理解に勤しむだけではなく，描く，他者に教えるなどのいろいろな活動を組み合わせたほうが効率的だと考えられます。ここに，アクティブラーニングというアイディアへ至る萌芽があります。

　学力観の変化の契機となったのは，OECD（Organisation for Economic Co-operation and Development）が1999年から2002年に行ったDeSeCoプロジェクト（能力の定義と選択）の成果として発表した「キー・コンピテンシー」や，国際団体のACT21sが2010年に公開した「21世紀型スキル」だといえます（Assessment and Teaching of 21st Century Skills）（Griffin et al., 2012/2014）。

キー・コンピテンシーでは，学びの目標として3つの能力（①社会・文化的，技術的ツールを相互作用的に活用する能力，②多様な社会グループにおける人間関係形成能力，③自律的に行動する能力）が設定されます。その中で，社会・文化的，技術的ツールを相互作用的に活用する能力は，さらに，言語，シンボル，テクストを活用する能力，知識や情報を活用する能力，テクノロジーを活用する能力といった形で細分化することができます。ここでは，大学生に求められる能力としてよくあげられる，情報活用能力，コミュニケーション能力，問題解決能力，IT活用能力といったものが組み込まれています。

キー・コンピテンシーや21世紀スキルが発表されることで，スキルとしての学力への指向が鮮明になりました。これまでは，たくさんの知識を蓄積することが重要視されてきました。新しい学力観においても，学習の成果として知識の蓄積はなされますが，知識の量の増加が目的ではなく，学習能力の育成を目的と捉えます。たとえば，水泳の授業でクロールを学習する場合，クロールができるようになることを目指します。もちろん，クロールができるようになることで，100mを60秒で泳げるようになります（数字は例えです）。学習の結果として記録が得られることから記録が目的と考えられますが，教育の目的は，あくまでもクロールという能力の修得です。できなかったことができるようなること，スキルを習得することが大切なのです。スキルの習得を目指すことと，記録を目指すことは意味合いが異なっています。ただ，能力の獲得を評価することは困難です。何をもってクロールができるようになったと判断するのでしょうか。距離，速さ，フォームがスムーズか美しいのかといった点など，いろいろな観点から評価することができます。複合的に評価するしかありませんが，多面的な指標からの総合評価というのは難しいといえます。

また，学力観の変化に伴って，新しい学習モデルも提案されました。コルブ（Kolb, 1984）は，「学習とは経験の変換によって知識

が形成される過程である」とする経験学習モデルを提案しました。多くのアクティブラーニングの実践は，コルブのモデルを拠り所としています。経験学習モデルでは，学習は外界の相互作用によって起こるものであるとし，学力観の転換に大きな影響を与えました。また，経験学習モデルでは，学習は，「能動的実験」「抽象的概念」「熟考的観察」「具体的実践」の4つのプロセスの循環とします。学習は，"仮説をつくり，仮説を検証するという経験の積み重ね"と考え，検証の結果は"新しい仮説の生成，次の学習プロセスの始まり"と考えます。また，仮説の検証というのは，つまり，省察であると考えます。自らの経験を省察（reflection）することで，自ら行動変容を促すとし，学習における省察の役割の重要性を明らかにしました。

3節　アクティブラーニングの学び方

3.1　アクティブラーニングの構成

　アクティブラーニングとは，学習者にいろいろな活動を行わせるものです。ここでは，アクティブラーニングを構成する活動について考えてみます。アクティブラーニングの構成について考えるのは，アクティブラーニングで学ぶみなさんに，アクティブラーニングの仕組みを理解したうえで授業を受けてもらいたいからです。

　まず，アクティブラーニングを要素に分けて考えます。アクティブラーニングの活動は，「しゃべる」「描く」「書く」などの単純な要素から構成されます。そして，単純な活動は組み合わさります。たとえば，しゃべるという活動は，他の学生と二人でしゃべる，あるいは数名でしゃべるなど，単なるしゃべるという活動よりは大きな活動として規定されます。一方，こうした要素としての活動は，教育的な目標と連携しています。無目的に学生にしゃべらせるのであれば単なる雑談です。学生がグループの他の構成員へ自らの知識を教える，あるいは，グループの構成員が相互にあるテーマで議論するなど，複数の構成員でしゃべる行為も，ある教育的な意図を

伴った活動として定義されます。

　教育的な目標を考えるうえで1つの道標として，ブルーム（Bloom, 1956）の分類を示すことができます。ブルームは教育目標を，「知識」「理解」「応用」「分析」「統合」「評価」の6段階に分けました。こうした目標に沿った活動が，授業を構成する要素となります。各要素が教員の授業のシナリオ（意図や目標）に沿って配置され，授業計画が組み立てられます。組み立てられた計画は，アクティブラーニングとして実行されます。

　アクティブラーニングの具体的な活動要素として，以下のようなものがあります（表1-1）。ここにあげた要素がすべてではありませんが，これらの要素が組み合わさり授業が構成されます。

　学習に関する基本的な活動は，「聞く（見る）」「話す」「書く」に集約されます。聞く，話す，書くを通じ，学習が行われます。話すということは，何かの事柄を誰かに説明する，教える，誰かと議論するに分かれます。話すという行為も，説明する，教える，議論するでは，微妙に異なっているからです。また，書くという行為も，文字を書く，メモをとる，まとめの図表を描くでは，異なります。

■表1-1　アクティブラーニングの具体的な
　　　　　活動要素

①説明する
②教える
③議論する
④演習を解く
⑤調べる
⑥思いついたことをメモする
⑦調べたこと（メモしたこと）をまとめる
⑧感想を書く
⑨資料を読んで（見て）理解する
⑩他者の話を聞いて理解する

　なお，上に示した各活動は，規模によって活動がさらに分けられます。規模とは，一人なのか，二人なのか，数人なのか，クラス全体で行うのかといった人数のことです。たとえば，説明するという活動には，自分で自分に何かを説明する「自己説明」という行為が存在します（必ずしも，音声として言葉を発する必要はありません）。なお，自己説明は，省察にとって重要な活動です。二人の学習者を単位として，一方が他者に教えるような活動は，「ピア・ラーニング」と定義されます。議論するといった行為も，二人で議論する，数人のグループで議論する，クラス全員で議論するといろいろなケースが考えられます。それぞれが，異なる活動としてアクティブラーニングを構成する要素として捉えることができます。

　これまでみてきたような活動を要素として，授業内に配置することでアクティブラーニングが設計できます。表1-1に示した活動を要素として，授業の始めから終わりの時間軸上に，活動要素を配置することでアクティブラーニングを設計することができます。たとえば，二人の議論を行う，グループの議論を行う，グループでまとめを行う，全体へ説明を行うといった順で活動を配置すると，アクティブラーニングを組み立てることができます。学習活動の配置は，学習目標を達成するため教師の意図を反映しています。活動の並びと意図を結びつけたものを，ここではシナリオと呼びます。シナリオの形態としては，表1-2のようなものが考えられます。

　シナリオは，活動要素を並べた活動の並びに意味づけを行います。ここに示したシナリオは，教育目標を実現するため，すべて学習を促すという形をとります。たとえば，反転授業では，対面授業外の学習を促すというシナリオと，対面の授業で議論を行い学習を促すというシナリオ，あるいは，演習問題を解かせることで学習を促すシナリオが用いられます。ここで，シナリオとして示したものは，いろいろな要素から構成されるアクティブラーニングの手法について，みなさんの理解を進めるために便宜的に導入しました。具体的なアクティブラーニングの手法に，ここに示したシナリオを当ては

■表1-2 シナリオの形態

①議論を行い学習を促す
②書かせることで学習を促す
③発表させることで学習を促す
④演習問題を解かせることで学習を促す
⑤経験から学ばせる
⑥研究活動を行わせることで学習を促す
⑦対面授業外の学習を促す

めると，複数のシナリオを内在している事例が多いです。なお，具体的なアクティブラーニングの手法として知られているものをあげると，ブレインストーミング，PBL（Project Based Learning, Problem Based Learning），TBL（Team Based Learning），ロールプレイ，ケースメソッド，パネルディスカッション，反転授業，ジグソー法，ワールドカフェ，橋本メソッドなどがあります。

3.2 アクティブラーニングを受講する態度

　これまで，アクティブラーニングが広まっている背景や，必要性などについて説明してきました。今度は，アクティブラーニングを受けるみなさんの側から，アクティブラーニングをみてみましょう。
　基本的に，アクティブラーニングは主体的な参加が前提となっています。着実な成果を得るためには，動機づけ（▶第8章1節 p.119 参照）が重要です。動機づけを高く保つには，受け身で活動するのではなく，主体的に参加するしかありません。たとえば，プレゼンテーションを行う場合，嫌々しゃべるのでは，十分な成果は得られません。アクティブラーニングは，受動的に傾聴するといった学習スタイルをとりません。さまざまな活動が設定されていますが，それらはみなさんが主体的に振る舞うことが前提となっています。アクティブラーニングは，いろいろな活動を伴いながら学習が進みます。

学習の達成感は，講義式の授業よりも高いと思います。しかし，嫌々参加するのであれば，高揚感は得られないでしょう。アクティブラーニングでは，学習することの楽しさや面白さを強く感じることができ，その結果，学習への高い動機づけを獲得することが期待されています。

　アクティブラーニングで学習を形作っている要素に，「問題解決による学習（▶第 9 章 2 節 p.146 参照）」と「協調学習（collaborative learning）」というものがあります。以下では，この 2 つの学習にどのように取り組めばよいのかをみてみましょう。

　多くのアクティブラーニングでは，みなさんに何らかの課題が与えられます。場合によっては，課題を探すところから始まるかもしれません。課題が与えられた場合，みなさんはどういったことをするでしょうか。アクティブラーニングでは，問題解決を通して，試行錯誤することで学習が進むと考えます。試行錯誤（▶第 8 章 2 節 p.126 参照）の中の，いろいろな活動によってみなさんの中で学習が活性化するのです。

　そこで，みなさんは，問題解決という活動について理解しておく必要があります。問題解決には，初期状態とゴールというものがあります。課題には，最終的に目指すべきゴールが存在します。問題解決では，何を目指すのか，終点について明らかにすることから始めます。何を目指すべきなのかを，理解することが大切です。最初にゴールを明らかにするといっても，目指すべき地点を明らかにするだけで，中身，つまり解答が得られるわけではありません。

　ゴールが何なのかがわかれば，次に，初期状態について分析を行います。問題解決を始めるにあたって，始まりの位置を確認するわけです。まずは現在，みなさんの置かれた状態を理解します。背景は何なのか，課題をじっくり検討する必要があります。そして，課題とゴールの間を結ぶためには何をしたらよいのか，何ができるのか（何ができないのか）といったことを検討します。取り得る方法の洗い出しと，制約事項を把握する必要があります。課題を解決す

るために，活動を始めなければなりません。そのために，何をすればよいかを検討し，計画を立てます（もちろん，それだけで順調に進むわけではありません）。図書館で文献を調べる，ネットで調べる，現地に出かける，誰かにインタビューする，アンケートを実施するなどいろいろな方法が検討されると思います。こうした検討を踏まえて，実際の活動に取りかかることができます。あとは，ゴールに向かって，調べたり，まとめたりします。ただ，物事は予定通りには進みません。問題解決を達成するには，計画を適切に修正する能力が求められます。試行錯誤することが大切です。いろいろなトラブルに遭遇し，トラブルをどのように回避するか，考え，対処することで，問題解決能力が高まります。初めてアクティブラーニングに参加した場合は戸惑うかもしれませんが，何度か問題解決を経験することで，だんだん慣れてくると思います。アクティブラーニングにおいては，このような問題解決が組み込まれていることが多いのです。

　次に，アクティブラーニングは，他者と一緒に学習を進める形態をとることが多くあります。単独での自学自習を行うことはあまりありません。前頁で述べた「協調学習」と呼ばれるスタイルをとることが多いです。誰かに，何かを伝える，教える，説明する，議論するといった活動が学習に伴います。協調学習では，他者との相互作用によって，新しい気づきや発見が起こることが期待されています。「三人寄れば文殊の知恵」ということわざがあるように，1＋1が2ではなく3や4になるわけです。みなさんには，独習では到達することができないアイディアが，他者と議論することで生まれることを知ってもらいたいのです。あわせて，人間の考えは多様であるということに気づくことも期待されています。多様性は，新しいアイディアを生み出す源泉です。ですから，多様性の重要性にも気づいてもらいたいのです。このように協調学習には，いろいろな効果が期待されています。グループでの作業を意味する2つの言葉，「collaboration（協調）」と「cooperation（共同）」はイメージが少し異なります。ある仕事を分割し最終的に合わせることと，一緒に

取り組むことは異なります。協調という言葉には，触発される，ひらめくといったイメージが潜んでいることを理解してください。

　協調学習を進めるうえで大切なことは，他者とのコミュニケーション（▶第 11 章 1 節 p.173 参照）です。そこでは雑談をしているわけではなく，何からの意図があるコミュニケーションが行われていることに注意してください。アクティブラーニングを進めるうえで，みなさんは，場面に応じたコミュニケーションが存在することを理解し，コミュニケーションの技法を深める必要があります。自分の言いたいことを，一方的にしゃべっても，情報はうまく伝わりません。そのため説明では，どうすれば相手がわかるか，最適な説明は何なのかを，模索しながら行う必要があります。議論においても，複数の人間がしゃべっている中に，一貫して共通の情報が保たれていること，文脈が存在することを理解する必要があります。そのうえで，話題が集約する，発散するといった現象を理解する必要があります。あるいは，プレゼンテーションにおいても，相手に自らの意見を伝えるためには，身振り手振り，声の抑揚をどうするのかといったことを，理解する必要があります。聞き手からの質問にどのように答えるのか，その場で質問の意図を理解しながら適切な回答を考えるといったことを，体験することで学ぶ必要があります。アクティブラーニングを通して，コミュニケーション能力を高めることが期待されています。

　アクティブラーニングで受講するうえでの注意点の 1 つは，すべての学習者に最適な手法ではないということです。一般論として，アクティブラーニングの有効性は，研究成果が蓄積されつつあります。いくつかの点から，有効性は明らかになってきました。一方で，学習形態は自学自習と異なり，協調学習として他者とのコミュニケーションが求められます。そのため，他者とのコミュニケーションに何らかの問題を持つ学習者にとっては，適切な方法とはいえません。むしろ，学習が阻害されることも予測されます。単に苦手というだけなら，コミュニケーション能力を高めるといった点から推

奨されるかもしれません。アクティブラーニングに関する理解を深め，自らの特性とあわせて，学習方法として採用するかどうかを十分吟味する必要があります。

　この節の最後に，「省察」について述べておきます。アクティブラーニングにおいて主体的に参加することが重要と述べましたが，一方で，省察も大切です。この省察という活動は，明示的に示されているわけではありません。しかし，暗黙に推奨されています。何か活動する場合，自らの行動を俯瞰的に眺めつつ，修正を行うことが大切なのです。自分の行動を俯瞰し，修正することを省察と呼びます。アクティブラーニングが拠り所とするいくつかの学習モデルでは，学習のサイクルの中で省察が行われて成長につながるとされています。ショーン（Schön, D. A.）は，伸長のめざましい学習者はこの省察を有効に行うことができるとしています。たとえば，プレゼンテーションする場面では，自らのプレゼンテーションを振り返ることで，次への成長が生まれます。アクティブラーニングの活動において，"やりっぱなし"になることなく，自らの振る舞いを振り返る癖をつけるようにしてください。

3.3　アクティブラーニングでインターネットを使った検索

　ここでは，アクティブラーニングの学習活動としてよく行われる，「調べる」という活動について考えていきます。

　インターネットの普及に伴い，調べるという活動は劇的に変化しました。みなさんの多くは変化した後の世代なので，変化といってもピンとこないかもしれません。しかし，この変化はとても大きなものだったのです。

　何か調べものをする場合，まずは文献で調べることが一般的でした。そのため，図書館の役割はとても重要でした。かつて図書館は，調べものをする人でいっぱいでした。しかし今では，調べものとは，インターネットの検索サイトやソーシャルメディアのことになっています。インターネット上には膨大な情報が蓄積され，検索サイト

などを通じて，私たちは簡単に情報にアクセス，検索ができるようになっています。もちろん，こうした便利な環境を使わない手はありません。何か調べものをする場合，インターネットを上手に活用してください。

　インターネット上には，膨大な情報が存在します。日々その量を増やしています。コピーは簡単だからです。Twitter に上がった情報は，瞬く間に拡散してゆきます。みなさんが，何かの情報に目をとめたとき，その情報がどこから来たものなのか，十分に注意を払ってください。その情報がオリジナルなのか，転載されたものなのかでは，価値が大きく異なります。伝言ゲームのように，転載された情報はその過程で変質している可能性があります。あるいは，悪意をもってねつ造されたものかもしれません。間違った情報に基づいて形づくられた意見には価値がありません。みなさんが議論に用いる情報が，オリジナルの情報なのか，転載されたものなのかには気をつけてください。そして，転載されたものを利用する場合は，必ずオリジナルの情報に当たるようにしてください。

　検索サイトの充実には目を見張るものがあります。学術論文も多くが電子化され，インターネット上で検索できます。また，国立情報学研究所が運営する CiNii のような学術情報を中心に蓄積したデータベースも公開されています。たとえば，日本の人口の増減について調べる場合，個人のブログに掲載された数字を見つけて，それを引用するのか，総務省の公開している統計データを引用するのか，どちらを用いるのかといった問題です。目の前にある何かの情報について，常に，その信頼性を考えるようにしてください。

　それから，コピーしたものをあたかも自分のオリジナルな意見のように用いないよう注意してください。インターネットの情報はコピーするのが簡単ですが，あまりにたくさんコピーアンドペーストを繰り返すと，自分のオリジナルな部分がわからなくなってしまうかもしれません。もちろん，インターネットの情報をコピーすることには問題がありません。また，多くの情報に当たることは重要で

す。ただ，情報をコピーする場合，"引用である"ということを守ってください。著作権でいうところの引用です。引用については，「合理的な説明（判断）ができる」「引用の分量が妥当である（多すぎない）」「どこが引用箇所かはっきりわかる」「出典が明記されている」などのガイドラインがありますので，これを守ってください。情報を引用することには問題はありませんが，引用はあくまでも引用です。あなたのオリジナルではありません。引用のガイドラインを踏み外すと，剽窃した（情報を盗んだ）としてペナルティを受けることになります。

また，インターネット上では，アンケートなども簡単に行えます。掲示板などを通じて他の人に意見を書き込んでもらうことも簡単です。インターネットで，他の人を巻き込むような場合（アンケートを実施するような場合）は，十分に注意が必要です。一般的な社会調査においても，他の人への対応には配慮が必要です。インターネットでは，些細な感情的な行き違いが，過激な行動，攻撃的な行動を生み出します。炎上と呼ばれる現象は，日常的に起こっています。みなさんも，インターネット上で炎上を引き起こさないように注意する必要があります。

調べるという行為は，地味で根気のいる作業です。決して，お手軽にササッと終わるような作業ではありません。調べるということに対し効率的に進める工夫は大切ですが，手を抜くことと効率的に進めるということは意味が違うことを理解してください。

図書館の人気に陰りがみえたように感じますが，図書館は今でもみなさんが何か調べものをするうえで重要な場所です。ぜひ一度，足を運んでください。そして，そこには司書さんがいますので，司書さんに相談してください。司書という仕事は，図書の貸し借り業務だけを行っているわけではありません。みなさんの研究や学習のサポートをする，相談に乗ってくれる存在なのです。せっかくある図書館を活用しないのはもったいないです。

インストラクショナルデザイン

1 節　インストラクショナルデザインとは

　インストラクショナルデザイン（Instructional Design：ID）とは，教育活動の効果と効率と魅力を高めるための手法を集大成したモデルや研究分野，またはそれらを応用して学習支援環境を実現するプロセスのことをさします（鈴木，2005）。欧米では古くから「教育工学」という学問領域の中心的概念として広く用いられてきましたが，日本では 2000 年頃から e ラーニングの普及とともに注目されるようになりました。

> Let's Search!!
>
> インストラクショナ
> ルデザイン 🔍

　ID を簡単に言い換えると，「よい授業にするための教え方の理論」といえます。ここで ID が考える「よい授業」とは，効果・効率・魅力の 3 つが含まれている授業です。つまり，学生の実力がつき（効果），学生も教員も短時間かつ省エネで（効率），学生も教員も楽しいと感じる（魅力）授業を目指し，適切な理論を適切な状況で使いましょう，というのが ID の考え方です。

　みなさんの中には，「ID は教え方の理論だから，教員（あるいは教員を目指す人）にだけ必要」と思った人も多いでしょう。もちろん，教員が授業設計の大きな担い手であることは間違いありません。その一方で，第 1 章 1 節「アクティブラーニングとは」の節で述べられているように，現在は学生の「主体的な学び」こそが大学教育の本質であると考えられています。「教

> Let's Search!!
>
> アクティブラーニン
> グとは 🔍

え方」と「学び方」は表裏一体です。学生のみなさんが「教え方」の理論を学ぶことで，自らの「学び方」を見つめなおすことにつながるでしょう。本章でIDに触れることで，受講中の（あるいは過去に受講した）授業を振り返り，よりよく学ぶために学生であるみなさん自身が工夫できることがないか，IDの視点で考えてみてほしいと願っています。

2節　インストラクショナルデザインの諸理論

　次項からは，学生のみなさんに役立ちそうな理論をいくつかご紹介します。

2.1　授業の構成：学校の情報技術モデル

　前述した通り，IDはeラーニング，すなわち教育の情報化とともに普及してきた側面があります。フロリダ州立大学教育工学センター長（当時）のブランソン（Branson, R. K.）は，1990年に，学校教育に単純に情報技術を導入するだけでは効果は見込めないとして，学校の仕組みそのものを見直そうと，学校の情報技術モデルを

口頭継承モデル

教師の口頭による，のちに教科書等の使用を含めた，限られた知識，経験の一方的な伝達；生徒の活動は評価されるため

現在のモデル

情報の伝達者及びゲートキーパーとしての教師；過去60年余の社会的要請に応えてきた；生徒間の相互作用は二次的なもの

情報技術モデル

応答的環境での生徒間，対機械，対人間教師の相互学習；教師による基礎情報の提示を回避し，機械にできない部分を担当

■図2-1　ブランソンが提案する学校の情報技術モデル（鈴木, 1995）

提案しました（鈴木，1995）。

　図2-1の左側に示すように，1990年以前の学校は，教師が一方的に知識や経験を生徒に伝達する「口頭継承モデル」としています。

　現在のモデル（ここでいう「現在」とは1990年頃の米国の学校）になると，生徒間のインタラクション（交流）も若干ありますが，質疑応答など教師と生徒のやりとりが中心のスタイルになっています。

　そして未来の学校を「情報技術モデル」と呼んでいます。「情報コントロールタワー」としての教師は姿を消し，かわりに情報技術で実現した「知識の貯蔵庫（データベース）」とコンピュータ上に実現した種々の「専門家（エキスパート）システム」を生徒と教師が取り囲んでいる姿が描かれています。教師が設定した課題を解くために，生徒たちは自分に必要な情報に関して「専門家」からアドバイスを受けたり，「貯蔵庫」から取り出しながら，自分たちなりの情報をつくりだしていく様子を示しています。

　また，ブランソンは，「情報技術モデルの学校では，機械システムからまず学ぶ経験を可能な限り子どもたちにもたせる。教師は教科内容の情報提供を反復的に繰り返すためではなく，例外や問題点に対処するために待機する。黒板とチョークを使って，年間を通して一日中講義することを強いるやり方は，教師の創造力を最大限に生かしている姿とは思えない」と語っています（鈴木，1995）。

　ブランソンがこのように述べたのは1990年のことですが，現在の日本の大学の授業はどのモデルが当てはまるでしょうか。もちろん，講義中心の「口頭継承モデル」で学べることもあると思いますが，どの授業も伝統的な講義形式だとしたら，よりよく学ぶためにみなさん自身で工夫できることを考えてみてもいいかもしれません。

2.2　情報の提示方法

（1）発表材料の見やすさ・わかりやすさを高めるポイント

　日本におけるID研究の第一人者である熊本大学の鈴木（1994）は，ユーザビリティ研究などに基づいて，教材の見やすさ・わかり

やすさの指針を整理しました。もともとは教科書などの紙教材のための指針ですが，学生のみなさんが紙の配布資料を作成するときや，口頭発表用にスクリーンに投影するスライドを作成するときも参考になるでしょう。以下では，鈴木の整理した指針を文字情報，イメージ情報，レイアウトの3点に分けて紹介します。

文字情報のポイントは，表2-1にまとめてある通りです。まずは見やすさ（読みやすさ）のポイントを参考にして，誰でも読める文字を心掛けましょう。たとえば，見やすさの1つ目のポイントにある「テレビに表示する文字」の大きさは，大学の授業でいえばスクリーンに投影する文字の大きさでしょう。口頭発表をする際は，教

■表2-1　発表材料の見やすさ・わかりやすさを高めるポイント（文字情報）
（鈴木ら，2016）

見やすさ	・文字の大きさは，見る距離との関係で決める。本の活字は見る距離を40cmとしておよそ縦3mm（9ポイント），テレビに表示する文字は見る距離を2mとすれば縦1.6cm程度が適当となる。 ・パッと見て読み取らせたい文字や重要な箇所は，他の文字との大きさや濃淡，文字種の対比（文字ジャンプ率）を考える。ジャンプ率が高ければメリハリがつく。背景色とのコントラストを考える。 ・情報を階層的に構造化するためには，文字の変化，数字の使用（章，節，項目等），インデント（書き始めの位置）を利用する。ただし深すぎる階層構造は読み手に混乱を招くので注意が必要。 ・目の動きを短距離に，安定させるように工夫する。一行の文字数を少なめに，読み手の予測を裏切らないように配置する（インデントなど）。目の動きを安定させるために縦の罫線を行頭に利用するのも効果的。
わかりやすさ	・具体−抽象のレベルを，読み手と内容に応じて調節する。具体的なほどわかりやすいのは，知識が乏しい人を相手にするか，知識が豊富な人に細かい情報を伝える場合。逆に，知識が豊富な人を相手にする場合や，知識があまりない人におおまかなイメージを与えたいなら，抽象的な情報ほどよい。 ・読み手の既有知識や関心をふまえ，実例やたとえ話，比喩などを使う。 ・数字は，情報の区切りやまとまり，時間的な順序，階層，要素の数を表現するときに効果的。しかし，選択肢などで単なる置き換えのため使うと，逆にわかりにくくなる。

室の大きさや，座席とスクリーンの距離を考慮して，紙の資料よりも大きめの文字サイズにしましょう。また，わかりやすさのポイントを踏まえて，相手に意図が伝わるように文字や文章の内容を検討しましょう。

次にイメージ情報のポイントです。文字だけより，適度に図表やイラストを用いたほうが，格段に見やすく，わかりやすい資料になります。自分の感覚で作成するよりも，まずは表2-2のポイントに沿って図表やイラストを作成してみましょう。

最後にレイアウトのポイントです。文字だけ，イメージだけという資料よりも，その組み合わせで資料をつくることが多いでしょう。そこで，全体のバランスをうまく整えることが肝要です。表2-3を参考に，人の目線の流れを考えたレイアウトを心掛けましょう。

■**表2-2　発表材料の見やすさ・わかりやすさを高めるポイント（イメージ情報）**
（鈴木ら，2016）

見やすさ	・図表やイラストの役割は，まとめる，強調する，直観的にわからせることの3つがある。 ・一般に，線画より詳細画や写真のほうが読み手に好まれる傾向がある。静的な絵よりは動きの感じられる絵が好まれる。しかし，イメージを詳しくすることで学習効果が高まるわけではない。 ・詳しすぎる絵は，内容を読み取る障害になる。この点では，写真はカラーよりも白黒，写真よりはイラスト，詳細画より省略画のほうが見やすい。 ・読み手の目の動きを考える。凡例（図と文字の別記）は使わずに，図を読むために必要な文字は直接図の中に書き込むようにする。 ・図表のタイトルは内容をあらわす言葉を選び，絵を用いた理由がわかるようにする。本文の中で図表に言及する。
わかりやすさ	・矢印は，場所，時間的な変化，動き，論理的な展開を表現するのに効果的。しかし，矢印を多用して，読み手の視線を複数の方向へ同時に導くと混乱を招く。矢印の方向は上から下へ，左から右へが基本。 ・イメージを具体化させるためには，写真，イラスト，ピクトグラフ（絵の大きさで量をあらわすグラフ）を使う。 ・読み手を想像しながら，読む順序と説明番号，観察の方向と説明図が描かれている方向，実物とイラストの大きさの比率などをあわせる。

見やすさ	・レイアウトは，読みやすさと見たときの感じ（第一印象）を決め，読むときの目の動きをガイドし，内容の軽重や種類を知らせる。 ・用途にあった大きさの紙を使う。紙の大きさによって，行数，一行の文字数などの多くの属性が制限を受ける。一度に見る情報量に適した大きさにするためには，二つ折や四つ折もよい。 ・すっきりさせるために，余白を多くとり，文字の種類を限定し，全体を統一したフォーマットやデザインにする。 ・安定した構図にするために，版面の中心にアクセントをつけ，重心をやや右下におき，上下左右の配置を考える。
わかりやすさ	・違いや変化を強調するためには，比較するモノ同士（たとえば2つの図表）を同時に見ることができるようにする。 ・情報を内容のかたまりごとに配置する。見出しと本文が別の頁になったり，参照図表と本文が近接しなかったり，図表が頁にまたがって分断されているのは，内容軽視のレイアウトである。

（2）マルチメディア教材設計7原理

　学習心理学者のメイヤー（Mayer, 2001）によると，マルチメディア学習の研究成果をまとめると，表2-4の7つの設計原理に整理できるそうです。この設計原理は，文字（文章），画像（動画），音声をどのように組み合わせると学習に役立つかを示したものですが，わかりやすい動画コンテンツを作成する際にも参考になります。

　たとえば，あるアプリの操作を説明する動画を作成するとします。文字だけで説明するよりも，アプリの画面を表示して説明文を添えたほうがわかりやすいでしょう（マルチメディア原理）。そして，アプリの画面上の，実際に操作するボタンの近くに「ここをタップ」のような文字を添えて（空間近接原理），ボタンを押す操作と同時に文字を表示させるとわかりやすそうです（時間接近原理）。さらに，説明内容に無関係なBGMを入れるのはやめて（首尾一貫原理），簡潔なナレーションを入れるとよさそうです（モダリティ原理）。また，ナレーションと一字一句同じ文章を画面上に提示するのはやめて（冗長性原理），ポイントになる言葉だけ画面上に出

■表2-4　マルチメディア教材設計7つの原理（鈴木，2005）

マルチメディア原理	文章のみよりは，画像つきの文章からのほうがよりよく学べる。
空間近接原理	関連する画像と文章がばらばらに配置されるよりは，同じページ・画面上に近接されていたほうがよりよく学べる。
時間接近原理	関連する画像と文章が片方ずつ提示されるよりは，同時に提示されたほうがよりよく学べる。
首尾一貫原理	無関係な文章や画像，音声が含まれているよりは，除かれていたほうがよりよく学べる。
モダリティ原理	アニメーションと画面上の説明文（視覚＋視覚）の組み合わせよりは，アニメーションとナレーション（視覚＋聴覚）の組み合わせのほうがよりよく学べる。
冗長性原理	アニメーションでは，画面上の説明文と同内容のナレーションを両方提示するよりは，ナレーションのみのほうがよりよく学べる。
個人差原理	設計効果は，知識が豊かな学習者よりは知識が少ない学習者に，また空間能力の低い学習者よりは空間能力が高い学習者に，より強く作用する。

すことにします。以上の工夫は，上級者よりも初心者を対象にした操作説明で効果があるでしょう（個人差原理）。このように，授業の中で，アニメーションや動画を使って説明する資料をつくりたいときや，映像を製作する課題があったときなどに7原理を活用してください。

（3）ペーパープロトタイピング

　授業の中で，個人やグループで課題に取り組み，その成果を資料にまとめ，プレゼンテーションをする機会も多いと思います。複雑なアニメーションを用いるなど，ちょっと大掛かりな発表資料をつくるときは，いきなりスライドをつくり始めるよりも，ペーパープロトタイピングを行ったほうが効率的な場合があります。

　ペーパープロトタイピングとは，紙に描いた試作品を使って，利用者に試してもらうことです。具体的なやり方としては，基本的に

はフリーハンドで白紙に画面を描きます。「一枚の紙には一画面」が原則です。画像やアイコン，長文などは簡略化して描きます。一通りの画面が出そろったら，コンピュータ役（発表者役）は，紙をめくりながら画面の動きを再現します。このとき，できれば実際の対象者（観客役）にも参加してもらい，意見をもらうことが望ましいです。ここまでがペーパープロトタイピングですが，この後，得られた意見などを参考にして，本番の画面を作成するというわけです。

　ペーパープロトタイピングは，もともとは画面デザインを評価するためのユーザビリティテスト手法（userbility test）の１つです（鈴木ら，2016，p. 130）。複雑な画面デザインの改善点をわりと手軽に見つけることができるので，結局はやり直しが少なくてすみますし，グループで取り組んでいるのであればメンバー間の意識合わせにも使えるでしょう。

2.3　課題の評価方法：ルーブリック評価

　学習中（あるいは学習前後）の区切りのよいタイミングで，理解度や達成度を確認することは，さらなる成長のきっかけとして重要です。みなさんも，これまでたくさんのペーパーテストを受けて，その時点での自分の理解度を確認してきたことでしょう。しかし，ペーパーテストは頭の中の「知識」を測るのには適した方法ですが，知識に基づいて難しい判断や複雑な行動ができるかどうか（パフォーマンス）や，学習成果として完成した作品の質を測ることにはあまり向いていません。頭で理解していることと，実際にできることは違うというわけです。そこで，パフォーマンスや作品をなるべく客観的に測るための方法の１つとして「ルーブリック（Rubric）評価」が注目されています。

　ルーブリック評価とは，一般的に，縦を「評価の観点（項目）」，横を「評価の尺度（レベル）」として整理した評価基準表を使った評価です。表 2-5 に「プレゼンテーション」のルーブリック評価表の例をあげます。評価の観点として①口頭発表，②プレゼンターの

質疑応答，③評価者の質疑応答，④発表時間管理の 4 つがあり，それぞれ（A）期待通りです，（B）まずまずです，（C）努力しましょう，の 3 段階のレベルについて観察できる具体的な行動が文章で示されています。授業中に発表を行うとき，プレゼンテーションスキルについて，このルーブリック評価表を見ながら教員または学生同士で評価したり，あるいは自己評価をします。

　ルーブリック評価を行うときは，「何となくこのレベルかな」という感覚で評価するのではなく，観点×尺度のマス目に書かれてい

■表 2-5　プレゼンテーションのルーブリック評価表の例（山本，2016 をもとに作成）

尺度 観点	（A） 期待通りです	（B） まずまずです	（C） 努力しましょう
①口頭発表	立ち位置，姿勢は適切である。読み手に自分の言いたいことが伝わるように内容によって声の大きさ，スピード，抑揚を変えている。	立ち位置，姿勢は適切であり，声の大きさ，スピード，抑揚は適切である。	立ち位置，姿勢は適切である。あるいは，声の大きさ，スピード，抑揚は適切である。
②プレゼンターの質疑応答	聞き手に合った説明を準備し，発表することができる。質問に対するフィードバックに加え，適切に口頭で回答する。	聞き手に合った説明を準備し，発表することができる。適切に質疑応答ができる。	必要な情報を口頭で説明し，質問を受け取ることができる。
③評価者の質疑応答	プレゼンテーション内容に関して，プレゼンターの課題設定の目的に沿った質問ができ，建設的な話合いができた。	プレゼンテーション内容に関して，質問，意見，感想のいずれかを発言できた。	プレゼンテーション内容に対して，意見や感想なども含めて発言できなかった。
④発表時間管理	発表時間ちょうどであった。規定の時間から 5％前後のズレであった。	発表時間よりも少し長かった，あるいは短かった。規定の時間から 10％前後のズレであった。	発表時間よりも大幅に長かった，あるいは短かった。規定の時間から 10％以上のズレであった。

る文章をしっかり読んで，パフォーマンスや作品のどこがどのレベルに当てはまるかを見極めることがポイントです。また，評価の理由などのコメントを付記しておくと，みなさんがきちんと評価した証拠になると同時に，その後の改善にも役立つでしょう。

　一方で，読んでもよくわからない，あいまいな文章で構成された評価表を用いると，人によって評価が異なるといった問題が起こります。そんなときは，ルーブリック評価表の改善案を考えてみましょう。そもそも妥当なルーブリック評価表の開発は容易ではなく，何度かブラッシュアップを行って初めて使えるものになるのが普通です。教員とともに評価基準を見直してみることは，パフォーマンスや作品が「良い／悪いとは何か」を考えることにつながりますので，みなさんが学んでいる内容をさらに深めることにもなるでしょう。

2.4　動機づけ：ARCS モデル
　ARCS モデルとは，学習者の「やる気」に関する理論です（Keller, 2009）。ケラー（Keller, J. M.）は，学習心理学などの多くの研究成果を整理して，学習者の意欲を高めるための視点を，「注意（attention）」「関連性（relevance）」「自信（confidence）」「満足（satisfaction）」の4つにまとめました（図2-2）。4要素の頭文

■図 2-2　ARCS モデルの 4 要因（鈴木，2002）

字をとって ARCS モデルと名づけられています。なお，4つの要素はさらに3つの下位要素に分かれます。

　ここからは，教科書づくりを例に，ARCS モデルについて少し詳しく説明します。

　「注意」（▶第7章1節 p.107 参照）は，学習者の好奇心と興味を刺激して，学習者の気持ちを学習モードに切り替えさせることです。下位要素に，知覚的喚起，探求心の喚起，変化性があります。たとえば，初学者には「○○学」のような硬いタイトルより，「誰でもわかる！はじめての○○」のようなやさしいタイトルのほうが，関心をパッと引くかもしれません（知覚的喚起）。そして，素朴な疑問を投げかけた導入マンガでさらに興味を促し（探求心の喚起），本編へ誘います。また，途中にちょっと脱線した面白いコラムを入れて，飽きないようにするという作戦もよくあります（変化性）。

　「関連性」は，学習者の個人的なニーズ（要求）やゴール（目標）と，学ぶ内容とを関連付けることです。「こんなものを学んでも何の役にも立たない」などと思わず，学ぶ意義を見いだすことといえます。下位要素に，「親しみやすさ」「目的指向性」「動機との一致」があります。たとえば，教科書では学習者にとって身近な題材を例にして説明すると，やる気が高まるでしょう（親しみやすさ）。また，各章の最初にその章で学んだことがどう役立つかを簡単に書くと，学ぶ意味を見いだせるかもしれません（目的志向性）。そして，学習者それぞれが好きなやり方を選んで学べるように，巻末にさまざまな参考文献や発展的な課題を用意するということも考えられます（動機との一致）。

　「自信」は，学習者に成功への期待感を適度に持たせ，「やればできる」という気にさせることです。"適度に"というのがポイントで，「絶対に無理だ……」と自信喪失になったり，逆に「こんなの余裕だ」と自信過剰になったりせず，ほどほどなやりがいを感じさせることを目指します。下位要素に，「学習要求」「成功の機会」「コントロールの個人化」があります。たとえば，各章の最初に明

確な学習目標を書くと，目指すべきゴールがはっきりしてやる気が起こるでしょう（学習要求）。ただし，いきなり高いゴールを目指すと自信を失うこともあるので，節ごとにちょっとした練習問題を入れて，少しずつ実力をつけてもらいます（成功の機会）。そして巻末には練習問題の模範解答と解説を用意して，たとえ不正解だったとしても解説を読んで復習すれば学べるようにしておくとよさそうです（コントロールの個人化）。

　最後の「満足」は，報奨によって学習者の達成感を強化し，もっと学びたいと思わせることです。なお，報奨には「内的な気持ち（「やった！」と思うこと）」と，「外的なモノ（お金，賞状，地位など）」の2種類があり，双方が必要だとされています。下位要素には，「自然な結果」「肯定的な結果」「公平さ」があります。たとえば，練習問題にはチェックボックスを用意しておいて，正解したらチェックすることで達成感を味わうことができるようにします（自然な結果）。巻末の解説には「8割以上正解したら合格です！　合格の方はおめでとう！」のような賞賛の言葉を入れると，さらに嬉しくなるかもしれません（肯定的な結果）。そして何より，練習問題やテスト類にはわかりにくい問題や難しすぎる問題は出さないように気をつけます（公平さ）。

　以上のように，ARCSモデルの4つの要素で検討すると，教材や授業について，学習者であるみなさんのやる気を高める方法が具体的にみえてくるでしょう。さらにARCSモデルを活用するヒントとして，次ページに「学習意欲を高める作戦（学習者編）」を用意しました。やる気が起こらないとき，自分に足りない要素は何か，具体的にはどうしたらよいかを考えるためのツールとして利用してください。なお，ARCSモデルを知ったばかりの人は，「注意」の作戦だけを取り入れがちです。しかし，やる気を瞬間的に高めるだけでなく，高めたやる気をほどほどに持続して「学び続ける」ことを目指すとなると，4要素の中でも重要なのは「関連性」と「自信」になります。「いまいち，勉強する気が起きないなあ」と感じたら，

◎学習意欲を高める作戦（学習者編）〜 ARCS モデルに基づくヒント集〜

（鈴木, 1995）

◆**注意（Attention）〈面白そうだなあ〉**
◇目をパッチリ開ける：A-1：知覚的喚起（Perceptual Arousal）
　・勉強の環境をそれらしく整え，勉強に対する「構え」ができるように工夫する。
　・眠気防止の策をあみだす（ガム，メンソレータム，音楽，冷房，コーヒー）。
◇好奇心を大切にする：A-2：探求心の喚起（Inquiry Arousal）
　・なぜだろう，どうしてそうなるのという素朴な疑問や驚きを大切にし，追及する。
　・今までに自分が習ったこと，思っていたことと矛盾がないかどうかを考えてみる。
　・自分のアイディアを積極的に試して確かめてみる。
　・自分で応用問題をつくって，それを解いてみる。
　・不思議に思ったことをとことん，芋づる式に，調べてみる。
　・自分とはちがったとらえかたをしている仲間の意見を聞いてみる。
◇マンネリを避ける：A-3：変化性（Variability）
　・ときおり勉強のやり方や環境を変えて気分転換をはかる。
　・飽きる前に別のことをやって，少し時間をおいてからまた取り組むようにする。
　・自分で勉強のやり方を工夫すること自体を楽しむ。
　・ダラダラやらずに時間を区切って始める。

◆**関連性（Relevance）〈やりがいがありそうだなあ〉**
◇自分の味付けにする：R-1：親しみやすさ（Familiarity）
　・自分に関心がある，得意な分野にあてはめて，わかりやすい例を考えてみる。
　・説明を自分なりの言葉で（つまりどういうことか）言い換えてみる。
　・今までに勉強したことや知っていることとどうつながるかをチェックする。
　・新しく習うことに対して，それは○○のようなものという比喩や「たとえ話」を考えてみる。
◇目標を目指す：R-2：目的指向性（Goal Orientation）
　・与えられた課題を受け身にこなすのでなく，自分のものとして積極的に取り組む。
　・自分が努力することでどんなメリットがあるかを考え，自分自身を説得する。
　・自分にとってやりがいのあるゴールを設定し，それを目指す。
　・課題自体のやりがいが見つからない場合，それをやることの効用を考える。
　　たとえば，評判があがる，報酬がもらえる，肩の荷がおりる，感謝される，苦痛から開放される。
◇プロセスを楽しむ：R-3：動機との一致（Motive Matching）
　・自分の得意な，やりやすい方法でやるようにする。
　・自分のペースで勉強を楽しみながら進める。
　・勉強すること自体を楽しめる方弁を考える。
　　たとえば，友達（彼女／彼氏）と一緒に勉強する，好きな先生に質問する，秘密にしておいてあとで（親を）驚かせる，友達と競争する，ゲーム感覚で取り組む，後輩に教えるなど。

◆**自信（Confidence）〈やればできそうだなあ〉**
◇ゴールインテープをはる：C-1：学習要求（Learning Requirement）
　・努力する前にあらかじめゴールを決め，どこに向かって努力するのかを意識する。
　・何ができたらゴールインとするかをはっきり具体的に決める。

・現在の自分ができることとできないことを区別し，ゴールとのギャップを確かめる。
・当面の目標を「高すぎないけど低すぎない」「頑張ればできそうな」ものに決める。
・目標の決め方に注意し，自分の現在の力にあった目標がうまく立てられるようになるのを目指す。

◇一歩ずつ確かめて進む：C-2：成功の機会（Success Opportunities）
・他人との比較ではなく，過去の自分との比較で進歩を認めるようにする。
・失敗しても大丈夫な，恥をかかない練習の機会をつくり，「失敗は成功の母」と受け止める。
・「千里の道も一歩から」と言うが，可能性を見極めながら，着実に，小さい成功を重ねていく。
・最初はやさしいゴールを決めて，徐々に自信をつけていくようにする。
・中間の目標をたくさんつくって，「どこまでできたか」を頻繁にチェックして見通しを持つ。
・ある程度自信がついてきたら，少し背伸びをした，やさしすぎない目標にチャレンジする。

◇自分でコントロールする：C-3：コントロールの個人化（Personal Control）
・やり方を自分で決めて，「幸運のためでなく自分が努力したから成功した」といえるようにする。
・失敗しても，自分自身を責めたり，「能力がない」「どうせだめだ」などと考えない。
・失敗したら，自分のやり方のどこが悪かったかを考え，「転んでもただでは起きない」。
・うまくいった仲間のやり方を参考にして，自分のやり方を点検する。
・自分の得意なことや苦手だったが克服したことを思い起こして，やり方を工夫する。
・「何をやってもだめだ」という無力感を避けるため，苦手なことよりも得意なことを考える。
・「自分の人生の主人公は自分」と認め，自分の道を自分で切り開くたくましさと勇気を持つ。

◆満足（Satisfaction）〈やってよかったなあ〉
◇無駄に終わらせない：S-1：自然な結果（Natural Consequences）
・努力の結果がどうだったかを自分の立てた目標に基づいてすぐにチェックするようにする。
・一度身に付けたことは，それを使う／生かすチャンスを自分でつくる。
・応用問題などに挑戦し，努力の成果を確かめ，それを味わう。
・本当に身に付いたかどうかを確かめるため，誰かに教えてみる。

◇ほめて認めてもらう：S-2：肯定的な結果（Positive Consequences）
・困難を克服してできるようになった自分に何かプレゼントを考える。
・喜びをわかちあえる人に励ましてもらったり，ほめてもらう機会をつくる。
・共に戦う仲間を持ち，苦しさを半分に，喜びを2倍にする。

◇自分を大切にする：S-3：公平さ（Equity）
・自分自身に嘘をつかないように，終始一貫性を保つ。
・一度決めたゴールはやってみる前にあれこれいじらない。
・できて当たり前と思わず，できた自分に誇りをもち，素直に喜ぶことにする。
・ゴールインを喜べない場合，自分の立てた目標が低すぎなかったかチェックする。

「注意」の作戦で軽くウォーミングアップをした後，「関連性」または「自信」のどちらかの作戦を（あるいは双方を）試してみてはいかがでしょうか。

3節　おわりに：メーガーの3つの質問

　ID理論の一部を紹介してきましたが，いかがでしたか？　役に立ちそうですか？　もっと他の理論も知りたくなった人は，章末（次ページ）の「もっとインストラクショナルデザインを学びたい人へ」を参考にしてください。

　さて，最後にもう1つ，ロバート・メーガー（Mager, R. F.）の3つの質問を紹介します。みなさんが受講している授業について，次の3つの質問に答えることができますか？

　　①Where am I going?（どこへ行くのか？）
　　②How do I know when I get there?
　　　（たどりついたかどうかをどうやって知るのか？）
　　③How do I get there?（どうやってそこへ行くのか？）

（鈴木，1995）

　1つ目の"どこへ行くのか"は「学習目標」のことです。みなさんは授業の学習目標を把握していますか？　あるいは自分なりの目標設定をしていますか？

　2つ目の"たどりついたかどうかをどうやって知るのか"は，達成できたかどうかを確認することなので「評価方法」に該当します。授業の成績はどうやってつけられるのでしょう。ペーパーテストでしょうか。実技試験でしょうか。また，タイミングはいつですか。毎回の授業の成果を積み上げるのでしょうか。中間試験はありますか。もしかして授業の最終回に試験で一発評価でしょうか。そして，これらの評価方法は学習目標と合致していて，みなさんにとって納得がいくやり方でしょうか。

最後に3つ目の"どうやってそこへ行くのか"は，ゴールへ導くプロセスを意味するため，「教育内容（何をどう教えるか）」を意味します。具体的に何を，どうやって学ぶのか，教員から説明はありましたか。講義形式の授業でしょうか。グループワークが中心の授業でしょうか。それとも今まで体験したことのない学び方でしょうか。教科書や資料，その他のツールは使うのでしょうか。

　まずは，1つ目と2つ目の質問に明確に答えられるようにすることが大切です。学習目標と評価方法があいまいなままで，学びを支援する作戦を先に考えてもうまくいきません。ゴールがみえないまま，どこかへ至る道を整備し始めるのは無謀です。大学の授業の場合，学習目標と評価方法はシラバスに書いてあるはずなので，しっかり読み，不明な点などがあれば教員に質問してみましょう。1つ目と2つ目の質問への回答を明らかにしたうえで，3つ目の質問の，ゴールにたどりつく方法を考えましょう。すべて教員任せではなく，みなさん自身で学び方を工夫することもできるはずです。

　あらゆる学びの場面で，この3つの質問に答えようとする人が，ID的な考え方をもった主体的な学習者といえるでしょう。

▶▶▶ もっとインストラクショナルデザインを学びたい人へ

【すべての人向け】
　　鈴木克明（2002）．『教材設計マニュアル』　北大路書房

【教職を目指す人向け】
　　稲垣忠・鈴木克明（編著）（2014）．『授業設計マニュアル Ver.2』　北大路書房

【ID理論をたくさん知りたい人向け】
　　鈴木克明（監修）市川尚・根本淳子（編著）（2016）．『インストラクショナルデザインの道具箱101』　北大路書房

【大学院レベル】
　　ガニェ・ウェイジャー・ゴラス・ケラー（2007）．鈴木克明・岩崎信（監訳）『インストラクショナルデザインの原理』　北大路書房

第 II 部

さまざまな視点から
発達を
アクティブに学ぶ

アクティブに学ぶときには，気をつけないといけないルールを知っておくことや具体的な目標を意識する必要があります。ルールや目標をきちんと学びながら，発達についてのさまざまな知識を深めましょう。

第3章以降は，アクティブラーニングの実践になります。第2章のARCSモデルを取り入れ，「関連性」の「目的志向性」を高めるために各章のはじめに章の目的を入れました。さらに「課題」と「用語の説明（文中の説明用語をゴシックで表記）」を用意していますので，ぜひ活用してください。

また，以下に，ルールと目標をまとめましたので参考にしてください。

● アクティブに学ぶためのルール ●

▶授業を受けるときのルール
　(1) 自分で予習や下準備をする。
　(2) 積極的に参加するよう心掛ける。
　(3) 他の人たちと協力する姿勢をもつ。

▶ネット情報を利用するときのルール
　(1) 書籍や，雑誌論文，ウェブサイトなどで入手した資料や文献，また他人の書いたレポートや論文を自分が書いた文章であるかのように装って使用する行為（いわゆる「コピペ」）は，「剽窃」「盗作」であり，著作権の侵害にあたる犯罪行為となるので気をつける。
　(2) たとえ出典が明らかにされていても，過度な分量の引用は「剽窃」「盗作」に等しい行為となるので気をつける。
　(3) レポートや論文に掲載する情報は，オリジナル文献（一次資料）もしくはそれらを編集・加工した文献（二次資料）からの引用を基本とし，それら以外のものからの引用には気をつける。
　(4) ウェブサイト上の情報が信頼できるものかどうかについて配慮し，うのみにしない。

● アクティブに学ぶことの目標 ●

　▶コミュニケーション能力を高める。
　▶プレゼンテーション能力を鍛える。
　▶メディアリテラシー，ICTリテラシーを身につける。

第3章

発達・発達段階・発達心理学研究法

本章の目的
　人間は，どのように発達していくのでしょうか。発達段階とは，何でしょうか。
　この章では，発達を心理学的に研究する研究法を例にあげて説明し，発達に対する理解を深めることを目的にしたいと思います。

1節　発達とは

1.1　生きることと死ぬこと

　最初からちょっと重いテーマかもしれません。みなさんは，今，この世に存在していることをどのように捉えているでしょうか。今，ここに存在していることは偶然でしょうか。あなたが生まれるためには，あなたの父親と母親の存在が必要です。つまり，あなたが存在するためには二人の人間が必要です。その父親と母親が生まれるためには，2の2乗，つまり，4人の人間が必要です。このようにあなたの10代前までの人数を数えると何人になるでしょうか。2^{10} ＝ 1,024 人が必要です。すごいと思いませんか。あなた一人が，今ここに存在するために10代 遡(さかのぼ)るだけでこんなにたくさんの人間が必要だということは，もっと遡れば，もっともっとたくさんの人間が必要です。

　このように発達を理解するには，人間という個体から見る視点と36億年という人類の歴史的視点から捉えることも必要です。ある若い女性は，「私が今ここにいるのは，お父さんとお母さんがいたからで，そのお父さんとお母さんのお祖父さんとお祖母さんもいた

からで，この人たちに自分を生んでくれたことを感謝しないといけないと思う」と言いました。このように言う彼女はすばらしいと思います。

「生きる」という言葉と対というか，反対の言葉として「死ぬ」という言葉があります。この2つの言葉は別のものでしょうか。人は，受精の瞬間から死に向けて歩み始める存在なのです。これは崩壊への歩みだけなのでしょうか。けっしてそうではありません。0.1mmに満たない小さな1つの受精卵は，成人期に約60兆個の細胞に増えるといわれています。1個の人間は小宇宙を形成しているのです。人間という1つの個体の中で脳が発達し，感覚器官を通して外界を感じ，そこで喜怒哀楽などのさまざまな感情を感じ，記憶し，学習し，考えます。言葉を知ることを通して，いろいろな概念や意識を獲得します。そのような中で「死への恐怖」が生まれるのです。「死への恐怖」とは，自己の個体性の喪失に対する情動であり，感情であり，意識であり，苦痛・恐れへの衝動的情動であるといわれています。

では，人間が「死」を意識するのは何歳からでしょうか。3～4歳児は，死んだ人を見たときに，眠っている，あるいは別のところに出かけていてまた戻ってくると考えるようです。5～9歳児になると，生きているものはすべて死ぬことを理解し，いったん死ねば再び生き返ることはないということが理解できるようになります。10歳以降では大人と同じ死の概念を持つようになるといわれています。つまり，死は肉体機能の停止を意味することを理解するようになります。

先に「死への恐怖」とは，自己の個体性の喪失に対する情動であると述べました。ですが，自己の個体性は，本当に喪失するのでしょうか。そうではないと思います。筆者の祖母，義弟，私を育ててくださった多くの人はすでに亡くなりましたが，その人たちは今も筆者の中に生きています。筆者のエピソード記憶（▶第7章2節 p.111 参照）の中に映像も含めて生きているのです。その中には筆者のペッ

トたちも含まれています。そのように考えると自己の個体性は喪失されることはなく，それぞれの人の中に生き続けるといえるでしょう。100年弱のその人の意識の重み，それはその人を取り巻く多くの人々に共有されるものです。死は民族の歴史，家系の歴史，家族の歴史，個人の歴史のすべてを包含します。よって死を私物化し，自分一人のものだと考えることは，限りなく傲慢な態度といえるかもしれません。個人の死は，残された家族や親族に共有され，残されたものに切れながらつながり，その死は人類全体につながるものだともいえるでしょう。死を怖れることを知ってしまったものとして互いに心を通わせ合い，深く相手を思いやることが生の証といえるかもしれません。

　死ばかりでなく，老いもまた人間が避けることができないことです。私たちの寿命が延びたことで，老いの苦しみを感じる期間も長くなっています。老いていく人々の苦しみを思いやるとともに，彼らから多くのものを学ぶ姿勢が大切です。私たち人間に死は平等に訪れます。死が訪れるまでの期間を誇りと希望を持って生きることが私たちの使命です。

　人間において「生」と「死」は重要な言葉です。最初の誕生は母体から生まれることです。みなさんの生年月日はこの最初の誕生の日となります。そして，親から精神的に独立する青年期を第二の誕生といいます。第三の誕生もあります。これは成人中期であり，青年期や成人初期のように元気いっぱいという感じではなくなり，また，自分の将来の限界がみえてきた状況といえますが，そのような自分でよいと自己を受容する時点をいいます。最後に第四の誕生があります。成人後期です。この時期になると身体の機能が低下し，体力も低下し，身体の随所に痛みが生じます。その中で与えられた命と条件を受け入れて，その範囲で日々を粛々と生きていくことを決める時期です。

　死は生の終着点のようにみえますが，決してそうではありません。死は生を支え，新たな生を生み出すのです。死への歩みは，成熟・

完成を経る歩みです。先ほども述べた通り，生きるということは死への歩みを進めていくことです。その歩みの中で自分を高める余地が残されているのです。

1.2 生涯発達とは

みなさんは発達するとはどういうことだと考えていますか。そこには，それまでできなかったいろいろなことができるようになるイメージがあるでしょうか。生涯発達とは，受胎から死に至るまでのすべての過程における量的・質的変化のことをいいます。かつては，上昇的発達（成人期までのさまざまな量的・質的変化が発展する時期）だけを「発達」としていましたが，今は成人中期・成人後期も含めて扱うようになっています。その理由は，「出生率」と「死亡率」の低下により，日本が世界に類をみない速度で「超高齢社会」に突入しているからです。日本人の平均寿命は，1950 年では，男性 58.0 歳，女性 61.5 歳でしたが，2014 年には男性 80.50 歳，女性 86.83 歳となり，64 年間で男女とも 20 年以上も寿命が延びています。その中で**健康寿命**という言葉も使われるようになりました。現在（2017 年時点）は，WHO（世界保健機関）も健康寿命を延ばして平均寿命との差を縮めることを考えています。

また，歳を重ねるということは，どういうことなのでしょうか。歳を重ねるという意味を表す別の用語として，加齢という言葉があります。最初に述べた生涯発達という言葉と同じく，人生そのものが加齢の過程であり，また，健康寿命と関係しますが，健康な老いは，すべての人間に徐々に表れてくるものといえるでしょう。「感情が統合でき，自分のライフ・サイクルをそうあるべきものとして受け入れ，自分自身というよりは，人類全体への愛情を持ち，死の恐怖を消し去る霊的な感覚を達成するといった特性の獲得は長い生涯の終わりに初めて可能になる。したがって，人生は長くなければならない」（星，2011；Ryff, 1982）と述べ，寿命が長くなっている意味を肯定的に評価しています。歳を重ねる本人は，どのように

思っているのでしょうか。2017 年 7 月 21 日に 105 歳で亡くなられた日野原重明氏は，亡くなるまで現役の医師として医療の現場に立って活躍されていらっしゃいました。

　では，日々，周囲の支援や介護を受けて生活している人は生きている意味があると思いますか。筆者自身は親の介護をしながら，いろいろと考えてきました。エリクソン（Erikson, E. H.）の第 7 段階の課題は「生殖性」といいます。詳しい説明はエリクソンの発達理論のところ（▶第 4 章 3 節 p.75 参照）を読んでほしいのですが，筆者は自分が世話をする高齢者から，自分自身のその後の生き方を教えられているように感じています。高齢者は，自分よりも若い世代の人たちに，あるがままの生きざまを見せることで，彼らに自分の人生を見通して生きることを考えさせていると思っています。みなさんはどう考えますか。

2 節　発達段階

　発達段階とは何でしょうか。インターネットで「発達段階」と検索してみましょう。

Let's Search!!

発達段階

　いろいろな情報が出てくると思います。文部科学省（2009）は，「多くの子どもに共通して見られる発達段階ごとの特徴がある」と述べています。二宮ら（2012）は，「ある時期のある特定の機能が，その前後の時期と異なる場合，その時期を 1 つの段階として区分したものの系列を発達段階という」と述べています。

2.1　発達段階とは

　発達心理学では，ある段階の行動は 1 つの顕著な特徴によって体制化されていて，そこでみられる行動は，それ以前の段階，または，それ以降の段階で現れる行動とは異なっています。つまり，ある発達段階固有の特徴があると考えています。私たち人間は，環境的要因（▶第 4 章 1 節 p.59 参照）の影響を受けるので，早い遅いはありますが，

すべて同じ段階を同じ順序で通過し，発達していきます。ある段階を飛ばしたりすることはできませんし，たとえ知的障害と診断されても発達が止まってしまうわけではなく，周囲がうまく支援を行うことで，その人のペースで発達していきます。人間には，あらゆる可能性が秘められているのです。

　また，人間の発達過程を発達段階に区分することは，ある特定の時期の特徴を直感的に捉えられる利便性があります。たとえば，乳児期，幼児期，児童期，思春期，青年期，成人初期，成人中期（中年期），成人後期（高齢期）などに分ける発達段階があります。発達段階における対人関係の特徴（▶第11章1節 p.177参照）として，乳児期は母親を通して飢えや渇きといった基本的欲求を満たし，環境との関わりを持ちます。その後，自分が母親とは異なる存在であり，一人でできることに気づき始め，「自分で」と主に母親に反抗するような事象も生じるようになります（**第一反抗期**といいます）。幼児期になると母親を安全基地として他児や動物といった環境と関わろうとします。児童期になると学校で他者と関わるようになります。教師という，親とは異なる大人や同年代の子どもとの関わりが生じるようになり，「ギャングエイジ」といわれる同性の同年代の子どもとの仲間関係が生じるのもこの時期です。思春期では，親よりも友人との関係を重視するようになり，親や教師などの大人の権威に反抗する**第二反抗期**という現象が生じます。青年期では，同性の友人だけでなく，異性に関心を持つようになります。成人初期になると社会人として職場での同僚，上司，部下などの対人関係，家庭での配偶者や子どもとの関係が生じるようになります。成人中期では，職場では責任のある立場になったり，家庭では思春期の子どもへの対応，高齢になった親への対応などが必要になったりすることで「**中年期危機**」といった状況を経験します。成人後期になると配偶者や友人との死別などを体験することで今までの自分の生き方への見直しが迫られるようになります。そのような中で孫の存在が癒やしになることがあります。あなたに祖父母がいれば，あなたが祖父

母にどのような影響を及ぼしているのかを考えてみるのもよいでしょう。

2.2　臨界期と感受性期

　みなさんは,「**臨界期**（critical periods）」とか「**感受性期**（sensitive periods）」という言葉を聞いたことがありますか。意味がよくわかりませんよね。心理学では, このように物理学, 化学や法律学の用語を用いることが結構あります。「ストレス」は, もともと, 物理学用語ですし,「モラトリアム」は法律用語です。どのような意味かは, 辞書やインターネットなどで検索しましょう。

Let's　Search!!

ストレス
モラトリアム　🔍

　臨界期という用語も日本大百科全書によるともともと植物発生上の用語とされており, 発芽後, ある一定期間の日光照射は植物の成長に大きな効果があるが, その期間を外すとその効果が激減するなどの現象のことです。これを人間の発達に当てはめると人間の一生にも臨界期があることが, 身体的に確認されています。受精 6 ～ 7 週目は胎児の生殖器官が正常に発達するために決定的な時期とされています。もととなる生殖器官が男性あるいは女性の生殖器官に発達するかどうかは染色体の XX あるいは XY 配列に関係なく, 男性ホルモンに関わっているそうです。男性ホルモンが不足していると先の染色体の配列に関係なく女性生殖器が発達することになります。この時期以降にいくら男性ホルモンを投与しても, すでに生じてしまった構造的変化を元に戻すことができないということです（Nolen-Hoeksema et al., 2014）。

　臨界期とよく似た意味で, 心理発達においては敏感期とか感受性期という言葉が使われます。ある特定の種類の発達に最適な時期があるという意味になります。臨界期と同じように特定の行動がこの敏感期に確立されなかったら, その潜在的能力を十分に発達させられないと仮定します。生後 1 年間は, 親密な対人関係の愛着（▶第

11章2節 p.180参照）を形成するのに最適な時期とされています。また，就学前の数年間は，特に知的発達や言語習得に重要な時期であるとされ，6～7歳以前に十分な言語刺激が与えられなかった子どもは，その後の言語習得に失敗するともいわれています（Nolen-Hoeksema et al., 2014）。この場合の言語習得とは，外国語の習得という意味ではなく，母語の習得という意味です。具体的には，本章の課題のところで述べています。

Let's Search!!

臨界期
敏感期
感受性期

　関心のある人は，「臨界期」「敏感期」「感受性期」などを検索してみましょう。

3節　発達研究法と情報収集法

　発達の特徴や傾向を明らかにする方法を発達研究法といいます。ここでは，発達心理学でよく使用する研究法と情報収集法について記します。

3.1　発達研究法

（1）横断的研究法

　横断的研究法とは，たとえば，記憶能力が加齢に伴って変化があるかどうかを調べようとした場合，高齢者（成人後期）と大学生（青年期）を協力者として，記憶能力の測定をし，両者の成績を比較し，高齢者の成績が大学生の成績よりも低かった場合，それは加齢によるものであるといいます。

　この研究法は，異なる年齢段階の対象者に同時期に一斉調査や実験を行い，その結果を年齢の差，つまり，加齢による変化であると推定する方法です。この研究法は，データを短期間に簡単に集めることができます。しかし，教育歴，生育環境，出生年代などのコホート効果の影響を考慮することが難しいのが短所になります。

(2) 縦断的研究法

　もう 1 つの縦断的研究法とは，たとえば，先ほども述べた記憶能力を特定の人たちに対して 6 年ごとに長期にわたって調べる方法です（長崎ら，2002）。この場合は，一人ひとりの記憶能力の経年変化を調べることができます。5 年ではなく，なぜ 6 年なのかを不思議に思う人がいるのではないでしょうか。縦断的研究では 6 年間をあけなければ，加齢の影響がみられないといわれています。

　この研究法は，一人または一群の対象者に対し，長期間にわたって調査や実験を繰り返し，その結果から発達の姿を浮かび上がらせる方法です。この方法は，時間がかかる，費用がかかるといった短所があります。また，何度も同じ課題を行うので，練習効果が生じたり，協力している人が引っ越しして連絡がとれなくなったり，病気に罹り研究に参加できなくなったり，頑健な人だけが残ってしまったりすることもあります。

3.2　情報収集法

　情報収集法には，観察法，実験法，質問紙調査法，面接法，事例研究法，心理検査法などがあります。

(1) 観察法

　観察法は，乳幼児の研究ではよく用いられる方法です。この方法には，「自然観察法」と「実験的観察法」があります。

　自然観察法は，自然の状態，つまり，人為的な統制を加えずに観察する方法です。たとえば，乳幼児の行動をさまざまな面から観察します。この方法を用いる場合，観察者は報告内容に自分自身の偏りが入らないように状況を的確に観察し，記録するための訓練を受ける必要があります。

　実験的観察法は，人為的な統制を加え，計画的に設定した条件下で行動を観察する方法です。たとえば，保育室で保育者が保育中に持っている物を落としたときに幼児はどのように反応するかを観察

するといった方法です。この方法は，条件と行動の関係を説明する実証的研究に適するといえます。

　観察した内容を記録する方法として，「偶発的観察法」と「組織的観察法」があります。

　偶発的観察法とは，偶然に観察した内容を記録する方法です。具体的な記録方法としては，日誌法，逸話記録法，行動描写法などがあります。たとえば，「Aちゃんが積み木で遊んでいるときに，Bちゃんが何も言わずに突然Aちゃんが積んでいた積み木をとった」という具合です。

　組織的観察法は，行動，場面，枠組みや記録方法などを限定して観察する方法です。枠組みには，時間見本法と事象見本法（行動見本法）があります。

　時間見本法は，時間帯（たとえば，10時から20分間とか自由保育の時間とか休憩時間など）や時間単位（たとえば，15分間とか20分間など）を決めて，断続的に観察し記録をとる方法です。

　事象見本法は，観察したい内容や特定の行動に焦点を当て，その行動が生じるまで待ち，その行動が生じれば，その行動が生じた時点から終了するまでの経過や周囲の状況との関係などを詳しく観察する方法です。記録方法としては，あらかじめ観察したい項目を一覧表などに記載しておき，生じればチェックを入れるというチェックリスト法や生じる度合いをいくつかの段階（強い－中等度－弱い）に分けてチェックを入れる評定尺度法などがあります。

　観察法では観察者の要因も検討する必要があります。「参与観察法（参加観察法，関与観察法）」と「非参与観察法」です。

　参与観察法は観察者が対象者にその存在を示し，関わりながら観察する方法です。この場合，対象者が観察者の存在に慣れれば，観察場面に観察者が自然に入り込んでいるので，不自然さや心理的圧迫が減ります。

　非参与観察法は傍観者的立場，録画などで行う観察法です。この場合もビデオカメラやマイクなどの存在に慣れるまで自然な観察が

できない可能性があります。いずれにしても観察内容に影響を与えないように配慮する必要があります。

(2) 実験法

　実験法は，最も説得力のある科学的方法と考えられています。まず，因果関係を仮説します。原因になるものを独立変数，結果となるものを従属変数といいます。独立変数以外がすべて統制された2群（統制群と実験群）に対して従属変数の比較を行う方法です。たとえば，本読み冊数を増やすためには**トークンエコノミー法**（一種のポイントのようなもので，それを何と交換するかは考える必要があります）が有効かどうかを独立変数とします。幼稚園・学校などで実施する場合，トークンエコノミー法を適用する群（実験群になります）と適用しない群（統制群）で本を読む冊数を比較する数値として用いるとします。実験群と統制群の結果を比較し，実験群のほうが統計（実験法では心理統計法の知識が必要になります）的に有意（心理統計的に差があるといえる）であれば，本を読む冊数を増やすためにトークンエコノミー法が有効であるといえます。この場合，統制群には本読みを増やす対応ができていないので，同じ日常を過ごしている幼児・児童に不利益が生じる可能性があり，倫理的に問題が生じます。したがって，実験終了後，統制群にも同じやり方をすることが求められます。

　このように実験法では，独立変数以外の要因を統制するので，因果関係がわかりやすいということがメリットになります。デメリットは，実験場面をそのまま，現実に適応することが難しいということがあります。幼稚園・学校などでトークンエコノミー法を使うことがよいのか，使えるとしてどのようなトークンが継続できるのか，実際に本を読む冊数を単に増やすことだけでよいのかなどいろいろと検討する必要があります。

(3) 質問紙調査法

　質問紙調査法は，直接観察できないような内容に対して行われます。調べたい項目を印刷した用紙を用いて回答を得る方法です。いくつかの質問を設定し，その質問に対して，「はい」「いいえ」（二件法）とか，「その通り」「まあその通り」「普通」「あまりそうでない」「全くそうではない」（五件法）とかの回答選択肢から１つを選択する方法や，健康維持のための健康法に対して「ジョギング」「ジム」「水泳」「散歩」などの選択肢を出し，その中から１つ，あるいは複数の項目を選んでもらうなどの方法です。

　この方法は，一度に多数の対象者に実施できるので，短期間にデータを収集することができること，質問紙と筆記具があれば実施できるので経費があまりかからないこと，観察法や次に述べる面接法などに比べて調査実施者の存在が対象者に与える影響が小さいこと，匿名の実施も可能なので対象者の心理的圧迫は小さいことなどが長所です。

　短所としては，文章で書かれているので，言語理解力や言語表現力が必要となること，虚偽など回答に歪みが生じる可能性があること，回答の意味を確認することができないこと，選択肢の回答形式の場合は実施者の枠組みでの解釈に留まるので，新しい事象を見つけることは難しいといったことがあげられます。

(4) 面接法

　面接法とは，面接者と被面接者とが特定の目的を持ち，主に会話を通して情報交換したり，意志や感情を伝えたり，相談したりすることです。面接法には「調査面接法」と「相談的面接法」があります。

　ここでは，調査面接法について説明したいと思います。調査面接は，「構造化面接」「半構造化面接」「非構造化面接」の３種類があります。

　構造化面接は，質問形式や言葉遣いや時間といった手続きが明確

で結果の処理も数量的になされることが多く，質問紙調査法に近い方法です。**DSM-Ⅳ**の第一軸疾患の診断をするための構造化面接SCID（Structured Clinical Interview for DSM-IV-TR），WHO の調査研究から作成されたAUDIT（The Alcohol Use Disorders Identification Test），WAIS-3（Wechsler Adult Intelligence Scale）や WISC-4（Wechsler Intelligence Scale for Children）といった知能検査も構造化面接法といえるでしょう。この方法は，項目があらかじめ決められているので，面接者が誰であっても一定の基準で面接結果が得られること，面接の内容をマニュアル化できることなどが長所になります。しかし，項目にないユニークな発言などは評価しにくいという短所があります。

　半構造化面接は，構造化面接と非構造化面接の両方を取り入れる方法です。あらかじめ決められた質問がありますが，被面接者の状況や回答に応じて面接者が何らかの反応を示すことができ，質問の仕方や順序や内容などを臨機応変に変えることのできる方法です（寺下，2011）。パーソナリティ心理検査法の**ロールシャッハ検査**の質問項目はある程度設定されていますが，被検者である被面接者の回答内容によって質問の内容は柔軟に変更されます。一定の評価基準に沿って質問をマニュアル化しながら，面接者のスキルや経験に合わせた質問を織り交ぜることができ，被面接者の能力や人間性などを評価しやすいという長所があります。短所として，熟練の面接者でなければ評価基準から逸脱した流れをつくってしまう可能性があります。

　非構造化面接は，質問内容が特に決められておらず，自由な会話形式で被面接者に応じてやり方を柔軟に変更できる方法です。探索的仮説生成的研究に用いることが多いです。非面接者の反応によって臨機応変に質問を変えることができ，根底にある人間的な部分を評価しやすいのが長所です。面接者のスキルや経験によって判断基準が変動する可能性があるのが短所です。

(5) 事例研究法

　事例研究法は，個人や集団に多側面から情報を収集し，その特徴から仮説を生成・理論化していく研究法のことです。事例を表面的に記述・解説する事例報告とは異なることを理解しておく必要があります。事例についての具体的研究から仮説を生成し，その仮説の普遍性を明らかにしていく必要があります。

　事例研究法には，「臨床的事例研究」「発達的事例研究」「実験的事例研究」の3種類があります。臨床的事例研究について関心のある人は，Webや他の図書で心理臨床に関する事例研究法について調べてみましょう。3番目の実験的事例研究法について関心のある人は，応用行動分析学などでも使われているABデザインなどを調べてみましょう。

> Let's Search!!
> 心理臨床に関する事例研究法
> ABデザイン 🔍

　発達的事例研究の例をあげてみましょう。ピアジェ（Piaget, J.）は，最初，乳幼児の認知発達などを事例研究し，そこから普遍的事実を発見しています（▶第6章3節 p.103 参照）。

　事例研究と事例報告は違うということを先に述べましたが，混同しやすいものとして，事例史があります。事例史とは間接的観察の1つであり，特定個人の部分的な歴史について質問を行いながら情報を収集する方法で，個人を研究する研究に重要な方法です。

(6) 心理検査法

　ここで述べる心理検査法とは，標準化された検査のこととします。標準化とは，検査目的，検査の実施方法などがはっきりしており，信頼性や妥当性が統計的に明らかになっている心理検査のことです。

　標準化された心理検査は，「知能検査」「発達検査」「パーソナリティ検査」などの種類があります。ここでは，知能検査と発達検査について述べますので，パーソナリティ検査について関心がある人はインターネットや他の図書で「パーソナ

> Let's Search!!
> パーソナリティ検査 🔍

リティ検査」で調べてみましょう。

　知能検査は，知能と定義された項目を調べ，知能を分析的・領域的側面から捉え，個人の知能因子の構造の特徴を明らかにする方法です。ウェクスラー式の WAIS とか WISC などやビネー式の鈴木ビネー知能検査や田中ビネー知能検査 (▶第 9 章 3 節 p.152 参照) などがあります。

　発達検査は，乳幼児や児童の運動機能 (▶第 5 章 2 節 p.84 参照)，言語能力 (▶第 9 章 1 節 p.138 参照)，社会性 (▶第 11 章 1 節 p.177 参照)，基本的の生活習慣などの発達状態を測定し，数値化し，発達程度を知る検査です。新版 K 式発達検査，遠城寺式乳幼児知能検査，津守・稲毛式乳幼児精神発達診断などがあります。

(7) 文献研究

　心理学の領域では，海外の研究論文も含めると膨大な数の論文があります。文献研究は，特定の心理学的仮説や理論に関する科学的事実が累積していく方向性を見いだすうえで重要な方法です。文献研究には 2 つの方法，すなわち，「ナラティブレビュー」と「メタ分析」があります。

　ナラティブレビューとは，特定のテーマに関してすでに発表され入手可能なすべての研究論文を基に，そのテーマの既存の知識を説明する方法です。

　メタ分析とは，メタ解析ともいわれます。過去に行われた数多くの研究結果をコンピュータなどで検索して，集め，それらをまとめて統計的手法を用いて効果量を算出する方法です。効果量にはCohen's d とか Hedge's g といったものがあります。効果量の値が，0.2 であれば，検討したい仮説の効果は小さい，0.5 であれば中くらい，0.8 以上であれば大きいと解釈します。たとえば，記憶能力が加齢によって低下するかどうかを 34 の論文で再分析し，効果量から加齢の影響で記憶能力が低下するという結論を導き出しています。

課 題

◆◆ 問題提起 ◆◆

　早期教育はできるだけ早く行うのがよいと思いますか。

◆◆ 仮 説 ◆◆

　早期教育は，臨界期・敏感期・感受性期や**レディネス**を考慮して行うのがよいと考えます。

◆◆ 実 証 ◆◆

　ここでは早期教育を小学校に就学する前に外国語を教えることとします。ローレンツ（Lorenz/ 日高，1989）のインプリンティング，レネバーグ（Lenneberg, E. H.）の臨界期仮説によると，16 歳以前にアメリカへ移住した人はみな高い英語力を示したのに対して，それ以降の年齢で移住した人については個人の素質によって言語能力に差がみられたという報告から早期に外国語を教えるがよいという考えがあります。

　確かに，年齢が低いほうが脳に柔軟性があり，外国語の習得に有利であると考えられます。言語習得の臨界期・敏感期・感受性期については本章の 2 節で述べた通りです。

　しかし，2 節で述べた通り，母語である第一言語をしっかり習得したうえで，第二言語である外国語を習得することがよいと考えます。言語習得に関しても，感受性期が存在しているというのが多くの研究者の一致した意見です。人間の言語の感受性期は修学前から 12・13 歳までといわれています。聞いた話ですが，日本で幼少期から英語教育をされている中学生がいました。もちろんその子の両親は日本人なので母語は日本語です。その子は中学校（もちろん日本）で友達と日本語でのコミュニケーションがうまくいかず，悩んでいました。

　就学前の数年間で日常生活環境の中で，しっかり子どもとコミュニケーションをとり，しっかり子どもの言うことを聞くことで，まず，母語を習得し，その後 12・13 歳で外国語を習得すればよいのではな

いでしょうか。もちろん発達には個人差がありますので，母語の習得が速く，外国語の習得を 12・13 歳以前に始めることが可能な子どももいるでしょう（▶第4章1節 p.65 参照）。

◆◆ 結 論 ◆◆

　早期教育を行うのであれば，感受性期やレディネスを意識して行うのが良いでしょう。

用語の説明

健康寿命：健康上の問題で日常生活が制限されることなく生活できる期間。

第一反抗期：1歳半くらいから4歳児くらいまでの子どものわがままにみえる行動。自分でやりたいという自主性と表現力の賜物なので，成長の証しと捉えることも必要です。

第二反抗期：思春期・青年期前期，つまり中学生から高校生にかけて，自立心の獲得のために，接する時間が長くて，より信頼関係が構築されている（自分を守ってくれている）相手に反抗することをいいます。

中年期危機：中年期に起こる身体的変化，ライフサイクル上の家族変化，職場環境の変化などが引き金となり，アイデンティティの混乱が生じたり，心身にさまざまな不調が生じたりします。

臨界期（critical period；感受性期：sensitive period）：ある行動が成立するために経験しなければならない時期のことを言います。比較行動学者のローレンツ（Lorentz, 1935）は，カモが親を認識する（インプリンティング）時期が限られていること，つまり，臨界期があることを実験結果から述べています。

トークンエコノミー法：適切な反応に対してトークン（代用貨幣）という報酬を与え，目的行動の生起頻度を高める行動療法の方法のこと。

DSM：精神障害の診断と統計マニュアル（Diagnostic and Statistical Manual of Mental Disorders）の訳です。世界保健機関による疾病および関連保健問題の国際統計分類（ICD）とともに国際的に広く用いられていますが，いずれも記述精神医学です。2000 年に出版された DSM-Ⅳ-TR では多軸診断が使用されました。2013 年に DSM-5 が発行されました。

ロールシャッハ検査：スイスの精神科医ロールシャッハ（Rorschach, H.）によって1921年に考案された投影法検査の1つ。ほぼ左右対称に作成されたインクのしみの図版を持つカードを被検査者に見せ，その反応から被検査者の思考過程などを探る心理検査です。

レディネス（readiness）：あることを学習するとき，これを習得するために必要な条件が用意され，準備されている状態のことです。必要な条件とは，身体的・知的情緒，社会的成熟の水準やすでに習得している知識や技能，興味態度などに関わるものです。「成熟優位説」に基づき，教育は一定の成熟（つまりレディネス）がなければ無意味であると考えます。「待ちの教育」ともいいます（大阪府教育センター，2004）。

第 4 章

発達要因・発達の一般的傾向・発達理論

本章の目的　人間の発達には，遺伝的要因や環境的要因がどのように関わるのでしょうか。また，発達には変えることのできない傾向があります。それを知ることで，さまざまな話し合いに活かすことができるでしょう。発達を生涯発達的視点から捉えた発達理論を学ぶことで，人生のさまざまな段階をイメージすることができるようになることを目的とします。

1節　発達要因

　みなさんの身長は，どのような要因で今の高さになっていると思いますか。親の影響でしょうか，食べものの影響でしょうか，運動の影響でしょうか。このように考えるといろいろなことの影響を受けているように思えます。そのような発達に関係する要因は，心理学では今まで大きく2つありました。発達の要因の1つは，**遺伝的（生得的）要因**といいます。もう1つは，**環境的要因**といいます。最近はそれに**エピジェネティックス**（epigenetics）が加わりました。前者の遺伝的（生得的）要因と聞くと，さまざまな疾患，たとえば，高血圧，糖尿病，肥満などとの関係が頭に浮かぶかもしれません。ここでの遺伝的要因は，親などの血縁者から受け継いでいる要因だけではなく，人類として受け継いでいる要因のことです。環境的要因とは，環境という言葉通り，家庭環境，食事の仕方や内容，喫煙や飲酒などの物質，人間関係，ストレスなどからの影響をいいます。人間の発達にこの2つの要因がどのように影響するかについてエピ

ジェネティックスが関係します。エピジェネティックスは，さまざまな現象が発現するか抑制されるかというスイッチのような役割を果たすのです。

　遺伝的（生得的）要因と環境的要因とが発達にどのように影響するかについて，20世紀には次のような考え方の変化がありました。

1.1　成熟優位説（遺伝的（生得的）要因）

　成熟優位説の代表的研究者の一人であるゲゼル（Gesell, A.）は，成熟の過程では，生得的に人間の種に定められた順序で新しい行動パターンが必然的かつ自発的に顕現していくとしました（高橋，1978）。双生児統制法を用いて彼は自分の説を説明しました。ゲゼルは，発達に遅速の差はあっても，文化や個人の差を超えてあらゆる人間に一様に現れると考えました。このようなゲゼルの成熟優位説に対して，学習の転移の要因を考えていないとか，彼の行った訓練期間が短すぎるなどの点から批判がなされました。章末の課題のところでも述べています。

1.2　環境優位説（環境的要因）

　環境優位説の代表的研究者の一人であるワトソン（Watson, J. B.）は，環境の要因を極端に重視し，人間が持っている行動傾向は生得的（遺伝的）素質とは無関係に，生後の環境や学習によって決定されると考えました（白井，1978）。ワトソンは，「自分に12名の健康な新生児を与え，その生育環境を自分の望むものにしてくれれば，その子の才能，好み，傾向，人種などに関わりなく，医者にでも，法律家でも，必要とあれば，乞食にでも，盗賊にでも育て上げることができる」とまで言いました。

■図 4-1　ルクセンブルガーの図式（輻輳説）
（高木，1950）

1.3　輻輳説：加算的寄与説 *

　シュテルン（Stern, L. W.）は，「遺伝も環境も」ともに発達に関係しているとしました。彼の考えは，発達には遺伝的（生得的）要因と環境的要因とが加算的に作用し，両者が輻輳（収斂，収束）して 1 つの発達に結実するというものです。図 4-1 を見てください。たとえば，身長の場合，遺伝的（生得的）要因（E）が 90％であるとすると栄養や運動などの環境的要因（U）が 10％となり，遺伝的（生得的）要因と環境の要因が加算されると考えるものです。

1.4　環境閾値説：相乗的相互作用説

　ジェンセン（Jensen, A. R.）は，「環境は閾値要因として働く」という環境閾値説を提唱しました（Jensen, 1968）。彼は，素質（遺伝）と養育（環境）に関する議論で遺伝的（生得的）要因を重視する説を提唱し，特に，知能やパーソナリティなどの行動特性に重要な役割を果たしていると述べました。図 4-2 を見てください。特性 A は，身長や体重のような特性で極端に不利な環境でなければ，可能性が 100％顕在化するものです。特性 B は知能テストの成績のような環境の影響を中程度受けるものです。特性 C は，学業成績

---

*　輻輳説（2012/03/18 更新）
　http://hittylibrary.web.fc2.com/education/educational_psychology1.pdf　（2016/05/15 検索）

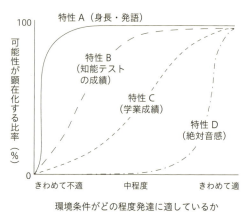

■図 4-2　ジェンセンの解説図（Jensen, 1968/1969）

のような環境の影響をかなり受けるものです。特性 D は，絶対音感や外国語の音韻の弁別のように特定の訓練や好適な環境条件がない限り，顕在化しないものをいいます。

1.5　発達の要因（遺伝的（生得的）要因と環境的要因）を巡る課題

今まで，発達の要因に関する考えの変遷をみてきました。ゲゼル（Gegell, A.）が行った双生児の階段昇り実験では，途中で訓練の効果が認められたものの実験終了時には訓練効果は認められませんでした。そこで，遺伝的（生得的）要因が優位であるとゲゼルは主張しました。他に，レディネス（▶第3章「用語の説明」参照）を考える必要があります。終了時に双生児の二人の階段昇りに差がみられなかったのは，訓練をしなかった双生児の一人が階段昇りができるレディネスができていたからだと考えられます。また，訓練を受けていないものの日常生活で階段を昇る経験は行っていたのではないかと考えられるからです。最後に感受性期に対する検討がなされずに実験が行われたとも考えられます。近年，別々に育った一卵性双生児と

二卵性双生児と一緒に育った一卵性双生児と二卵性双生児を対象としてコホート研究を行い，知能テストなどを実施した結果，別々に育った一卵性双生児と一緒に育った一卵性双生児の相関係数は 0.69 ＜ r ＜ 0.88 となり，環境的要因にかかわらず，有意な相関がみられたという報告があります（Bouchard et al., 1990）。統計的に有意であっても環境的要因の差（0.69 と 0.88）が生じたことについて，行動遺伝学研究において遺伝と環境の関連を分析する多変量遺伝解析手法が確立されていないからではないかと統計手法の限界について言及している報告もあります（長根，2014）。

　ワトソンが提唱した環境的要因優位説に基づく研究として，ルーマニアの孤児の養育に関する研究があります。ルーマニアの養護施設にいる子どもを無作為に選び，里親に委託した子どもと養護施設に残った子どもの認知発達を比較したところ，里親委託した子どもは養護施設に残った子どもよりも認知的遅れの回復があったと報告しています。この研究も感受性期の問題はありますが，環境的要因が発達に影響することを示す研究といえるでしょう（Nelson Ⅲ et al., 2007）。しかし，この研究においても劣悪な環境が与える個人差についての説明が不十分であるという報告もされています（長根，2014）。

　シュテルンの「輻輳説」やジェンセンの「環境閾値説」は，発達の 2 要因が関わっていると考えるものです。先に述べていますが，近年はエピジェネティクスという分野があります。反応性愛着障害（▶第 12 章 2 節 p.199 参照）に影響する遺伝子の 1 つとして，セロトニン・トランスポーター遺伝子多型（遺伝子多型とは，1 個の遺伝子変異だけでは発症せず，複数の遺伝子変異に環境的要因が加わった場合に発症するものをいいます）があります。セロトニンという神経伝達物質は，不安，うつ，強迫症状や攻撃性に関係するといわれています。遺伝子の変異によりトランスポーターが効率的につくられないと再取り込みがスムーズにいかず，セロトニン系の信号伝達機能が弱くなります。セロトニン・トランスポーター遺伝子には，3 つ

の組み合わせ，つまり s/s 型，s/l 型，l/l 型があります。s/s 型，s/l 型の子どもが，母親との安定した愛着に恵まれる場合，青年期において人当たりがよく，かつ自立した傾向を示しますが，同じ遺伝子多型を持つ子どもが，母親と不安定な愛着しか持てなかった場合は攻撃性の強い傾向にありました。つまり，同じ遺伝子であっても養育環境によって異なる影響が表れるのです。ちなみに l/l 型の遺伝子を持つ人は，母親の反応性の影響はありません。

　このように同じ遺伝子型であっても，置かれた環境によって表現型が異なることをエピジェネティックスといいます。

　また，次のような報告もあります。みなさんは，ストレスが高まったり，溜まったりするとコルチゾールというストレスホルモンが分泌されることはご存じでしょうか。ストレスがあると私たちの身体ではコルチゾールという物質が出て，それが免疫力を弱め，たとえば，風邪を引きやすくなったり，セロトニンという物質が出にくくなり不眠になったり，抑うつ状態になったりすると考えられていました。

　しかし，エピジェネティックスでは，コルチゾールなどの物質が人間の免疫系の遺伝子表現型に変化をもたらすという報告がされています（Cole, 2009）。

2 節　発達の一般的傾向

2.1　発達は継続的過程である

　発達は受胎から死まで，量的・質的に変化し続けるということです。これには，加齢により今までできていたことができなくなることも含まれます。

2.2　発達には差異がある

　有機体の各組織は異なったときに異なった割合で発達します。

　図 4-3 は，スキャモン（Scammon, R. E.）の発達曲線といい，20歳での発達量を 100 ％としたときのリンパ型，神経型，一般型，生

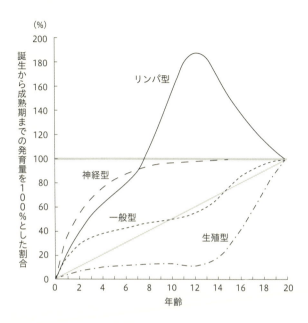

■図 4-3　**スキャモンの発達曲線**（Scammon, 1930/1981 をもとに作成）

殖型の発達を示しています。リンパ型のように思春期に 1.8 倍に発達し，その後，減少するようなパターン，生殖型のように思春期以降急激に発達するものなどがあります。

2.3　成長率に個人差がある

ボルタ（Volta, A.）という人の名を聞いたことがあるでしょうか*。彼は富裕で宗教的な家庭に生まれましたが，4 歳まで話ができませんでした。両親は子どもの知能程度が低いのだと思いました。しかし，時期がくると知的能力を現すようになり，電池の発明をす

---

*　アレッサンドロ・ボルタ　http://www.geocities.jp/hiroyuki0620785/innovator/volta.htm
　（2015/05/05 検索）
　ジェームス・ハヤット神父　人間の持つ能力とは　心のともしび, 696, 4　（2016/04/01）

るなど科学の分野で偉大な貢献をしました。彼の名前は電気の単位を示す言葉（ボルト：V）として世界中に取り入れられています。このように人間の発達の速度は一人ひとり異なっているのです。

2.4 成長率には性差がある *

　身体・運動発達の章（▶第5章1節p.80）で詳しく述べますが，思春期の始まり（**第二次性徴**）は，女性が9歳9か月頃，男性が11歳6か月頃と女性のほうが早いのです。このように男性と女性で発達の速度に差があります。

2.5 発達は分化と統合の過程である

　全体的で未分化な反応から分化した反応へと発達します。今，みなさんの手の指は5本あれば，5本一緒にでも使えるし，野球ボールのような大きさのものを投げるときには親指と残りの4本指を対立させても使えるし，お箸やボールペンを持つときは親指と人差し指で持ちながら，他の指は支えのように使うことができるでしょう。このような手指の動きは，手指を一塊に全体的に使う乳児期から徐々に発達します。

2.6 発達には方向と順序性がある

　発達には2つの方向があります。1つは，発達は頭部から脚部へと進行するというものです。生まれたばかりのとき，乳児は一人では何もできず，身体を自分で移動させることもできません。生後3か月くらいで，いわゆる「首がすわり（頭部）」，その次に肩の辺りがしっかりし，「お座り」（腰部）ができ，その後に「立っち」（脚部）ができるようになります（移動運動）。この順序は変えることができません。

　もう1つは，発達は身体の中心部から周辺部へ向かって進行する

---

* 性差（2015/11/21 更新）　https://ja.wikipedia.org/wiki/ 性差　（2016/05/10 検索）

というものです。手指が動かせるようになるには，それよりも身体の中心部の肩を自分でまず，動かせるようになり，次に肘の辺りまで動かせるようになることが必要です。その後，手首が自由に動くようになり，最後に手指が使えるようになります（把握行動）。

3 節　発達理論と発達課題

　発達理論を知ることによって人間はどのように発達するのかを考えることができます。発達がどのように推移するのかについて多くの研究者が述べています。そのうちのいくつかを紹介したいと思います。

3.1　性的発達段階説

　フロイト（Freud, S.）は，生物学的視点から「性的エネルギー」（リビドー）が発達を促進させる基本的な力になると考えました（Sadock & Sadock, 2001/2003）。その視点に基づき，5 つの発達段階（▶第 10 章 3 節 p.168 参照）を提唱しました。彼は，生後から思春期までの発達（口唇期，肛門期，男根期，潜伏期＝前性器期，性器期）が，人間の基本的性格特徴を決め，青年期でそれらが統合され，そこで発達は完成すると考えました。また，11 ～ 12 歳以降になると精神－性的発達の最終段階となり，自体愛から対象愛に変わる時期だと考えました。さらに発達は，生物学的にオルガズムを獲得することによって始まり，真の親密さも獲得できると考えました。

　したがって，成人期や老年期は，発達に含めていません。吉田（1994）は，フロイトの心理－性的な発達論は成長や発達に過去のどのような問題が関わっているかと考える「後ろ向き」の考えであると述べています。フロイトの説に関心のある人は，「フロイト」や「フロイトの性的発達段階」などでインターネット検索をしてみましょう。

Let's Search!!

フロイト
フロイトの性的発達
段階

3.2 ユングの発達観

ユング（Jung, C. G.）*は，先の精神分析で有名なフロイトの弟子で，人間は生涯を通して発達し続けると仮定した最初の人です（下仲，2004）。彼は，人生を一日に例え，4つに区分（児童期，成人期，中年期，老年期）し，40歳頃から始まる人生の後半期（人生の午後）に着目しています。図4-4にあるように40歳くらいに後半期は始まると考えました。この時期になると若さや能力が徐々に低下するという事実を受け入れること，自分の人生や目標をもう一度考え直し，自分の内面生活に重きを置くように転換することが大切であると述べています。それらをユングは個性化といっています。人生の後半期に関して，ユングは「充実した人生を送ろうとしないのは，終わりを受け入れようとしないのと同じことである。どちらも生きようとしないのだ。生きようとしないことは，死のうとしないことである」と述べています。みなさんはこの言葉をどのように受け止めるでしょうか。ユングの考え方に関心のある人は，「ユング」や「ユングの個性化」などの

Let's Search!!
ユング
ユングの個性化

40歳～50歳
人生の正午

成人前期

中年

少年

老人

■図4-4　ユングの人生区分**

---

* ユング心理学の世界へようこそ（2009）
http://www.j-phyco.com/category1/entry71.html （2016/05/27 検索）
** ユングの人生区分（2009）　http://www.j-phyco.com/img/shogo.png （2016/07/23）

言葉でインターネット検索してみましょう。また，河合隼雄という心理学者の著作を読むのもよいでしょう。

3.3　心理－社会的発達段階

　ユングと同じく精神分析の立場に位置づけられるエリクソン（Erikson, E. H.）＊の理論は自我の漸成理論（epigenesis of identity）と呼ばれています（Erikson, 1950/1977, 1982/1989；吉田，1995）。「漸成」は，"ぜんせい"と読みます。これはどのような意味でしょうか。ちょっと難しい言葉です。インターネット＊＊で調べると発生学の用語で，身体の成長に順序性があるように，精神の発達にも順序がある，発生過程において環境の諸条件の影響を受けながら漸次形成されていくという考えです。それを図にあらわしたのが漸成的発達図式です（図4-5）。この図式の横軸は，人間が生涯にわたって成長させていくべき8つの「構成要素」をあらわし，縦軸は，時間軸としての「発達段階」をあらわしています。つまり，この図式は「時間的推移に伴う各構成要素の分化の発展」を示しています。

　この図式の対角線上のセル内の一番上に書かれているのが「構成要素」となります。そして，その「構成要素」との葛藤の様態，つまり危機が「対」の下に書かれているものになります。たとえば，第一期（いわゆる乳児期）に書かれている「基本的信頼」が「構成要素」になり，危機が「基本的不信」になります。そして，セル内の一番下に書かれているものがvirtue（徳）概念（第一期では「希望」），「心理－社会的強さ」といいます。これは，葛藤にまつわる危機を解決したときに獲得されるといわれています。それぞれの葛藤と危機が生じる目安の年齢はありますが，発達の一般的傾向（▶本章2節 p.64参照）で述べているように人間には個人差がありますので，具体的な時期については人それぞれとなります。

＊　エリクソン，E. H.（2016/03/14 更新）
　　http://ja.wikipedia.org/wiki/エリク・H・エリクソン　（2016/07/23 検索）
＊＊　きょうのキーワード：漸成発達論　http://www.medica.co.jp/d/education/keyword/detail/6742?pageCnt=0　メディカ出版　（2017/07/31 検索）

また，この漸成図式の対角線上のセル以外の空白は，ただの空白ではなく，意味があります。縦軸，すなわち垂直方向に見た場合，対角線上にあるそれぞれの「構成要素」は，種というか蕾のような形で各個人の中に萌芽的な形で存在しているのです。この順序は変わりません (▶本章2節 p.66参照)。横軸，すなわち水平方向に見た場合，

VIII 成熟期								統合性 対 絶望 （英知）
VII 成人期							生殖性 対 停滞 （世話）	
VI 初期 成人期						親密性 対 孤独 （愛）		
V 青年期	時間的展望 対 時間的展望 の拡散	自己確信 対 自己意識 過剰	役割実験 対 否定的同 一性	達成期待 対 労働麻痺	同一性 対 役割の混乱 （忠誠）	性的同一性 対 両性的拡散	指導性の 分極化 対 権威の拡散	イデオロギー の分極化 対 理想の拡散
IV 学童期				勤勉性 対 劣等感 （有能感）				
III 遊戯期			自発性 対 罪悪感 （目的）					
II 早期 幼児期		自律性 対 恥・疑惑 （意志）						
I 乳児期	基本的信頼 対 基本的不信 （希望）							

■図4-5　エリクソンの発達漸成理論図式 （西平，1979を参考に改変）

各発達段階の「構成要素」は，その発達段階以降の「構成要素」に新しい意味を付け加えるという前方視的意味があります。そして，現在の「構成要素」からみると，それ以前の「構成要素」に新しい意味を付け加えるという後方視的意味があります。

エリクソンの考えから発達を捉えると，人間は対角線上の危機を乗り越えることで発達していきます。「構成要素」と「危機」は，ライフ・サイクルにおいて，どちらか片方だけを経験することはなく両方を経験します。相対的に「構成要素」が勝れば，Virtue 概念が獲得されます。しかし，それ以後の発達段階で何度も，それ以前の「構成要素」が危機的状況に陥り，葛藤状態に陥ることがあります。しかし，それは以前の段階の葛藤と危機的状況とは質的に異なるものになります。らせん階段のイメージで捉えるとわかりやすくなるかもしれません。

では，8 つの段階について簡単に説明していきましょう（Erikson, 1959/2011）。Ⅷ段階のⅤ段階目の構成要素に「同一性」という用語が出てきます。詳細はⅤ段階で述べますが，エリクソンは「同一性」がライフ・サイクルに重要な用語であると考えていたようです（Erikson, 1950/1977；吉田, 1995）。

（1）基本的信頼 対 不信（希望）

この時期は乳児期といわれ，だいたい生後 18 か月くらいまでとされています。乳児が養育者（基本的には母親）をはじめとする社会に対する最初の信頼は，食事のときに示すくつろぎ，睡眠の深さ，便通の良さなどで表されます。その後，乳児が行う最初の社会的行為は，養育者が見えなくなってもむやみに心配したり，怒ったりしないで養育者の不在を受け入れることができるようになることです。

信頼は，常に同じ状態で必要な物を与えてくれる存在が連続していることを学ぶだけでなく，自己を信頼し，自分の諸器官の能力も信頼することを意味します。養育者は，乳児の欲求に敏感に応じて世話をすることによって，養育者が所属する文化の生活様式の枠内

で信頼されているという感覚を抱きます。

　そのような中で子どもに信頼感が育まれ，そのことが経験の一貫性，連続性や斉一性（自分が自分であるという感覚）という自我同一性の観念の基礎を準備します。

(2) 自律 対 恥・疑惑（意志）

　エリクソンは幼児期初期と述べています。年齢的には18か月〜3歳にあたります。この時期は筋肉が成熟するので，保持することと手放すという2つの状態の準備ができたことになります。この時期の幼児は，「人の意志に逆らうことで愛情を失うことを恐れ従順になるか，人の気分を多少害しても自分の欲求を押し通し自己主張するかという葛藤を解決し，好きなときに我を出したり引っ込めたりできる」（吉田，1995）ようになります。それまで何でも受け入れてくれていた養育者に対して「しつけ」という課題によって，たとえば，幼児が手づかみで物を食べようとすると養育者から「だめ，フォークで」と言われ，それに対して「いや〜」と幼児は泣きわめいたり，怒ったりします。これが，第一反抗期の「イヤッ，自分でする」です。「自分」にこだわるようになり，「自分のもの」と「他人のもの」の区別がつくようになります。先に述べた筋肉の成熟に伴い，養育者から離れ，自分ひとりで自分の好きなおもちゃで心ゆくまで遊びたがります。そこで，養育者から何か言われたり，手伝われたりすると怒り出すこともあります。これは，自律に向かう反抗ともいえますし，養育者のようになりたいという側面も含んでいます。これは，第Ⅲ段階の構成要素「自発性」の芽生えともいえます。

(3) 自発性 対 罪悪感（目的）

　この段階は4歳から就学前の幼児期後期に相当します。この時期になると自分自身を操作できるようになり，善悪の判断と責任感を徐々に発達させていきます。道具を使いこなし，玩具を有効に扱い，

年下の子どもの世話をすることに達成感を持つようになります。

　この時期に必要な環境は，養育者が子どもの話にしっかり耳を傾け，子どもの質問に子どもが理解できる答えをすることです。この時期の子どもは持てるエネルギーを思いのままに駆使し，失敗をすぐに忘れ，望むものに接近していきます。したがって，社会の規則を破ったり，他者の気持ちを傷つけてしまったりしたときは，養育者が子どもにわかるように説明し，どうすればよかったかを理解させることが求められます。赦すことのできないような罪を子どもが犯し，しかも罰せられずにうまく逃げようとしているのに気づいたとき，それを子どもに理解できるように養育者がきちんと説明できる場合はお互いに理解し合えることもありますが，子どもが理解できる説明を養育者が行わない場合，その養育者に対して子どもは憎しみを抱くことがあります。

（4）勤勉性 対 劣等感（有能感）

　この段階は 7 ～ 12 歳の児童期に相当します。この時期に学校生活が始まります。この場合の学校とは，野原であったり，水辺であったり，教室であったりします。今までの豊かな想像力は衰え，一定の道具の使用や技能に勤しむことで勤勉性を発達させます。この場合，最も多くのことを学ぶのは年上の子どもからです。この時期の子どもは，教師や養育者といった大人の一言に傷つきやすく，敏感なので，大人の不用意な一言で子どもは絶望し，劣等感を感じます。「勤勉な」社会への希望を失うと子どもは技能に対する意識が薄くなり，希望を失ってしまいます。家庭生活が子どもに対する学校生活のための準備を怠ったり，学校生活がそれ以前の子どもの能力を支持しなかったりした場合，不登校，親への暴力，ひきこもりなどが起きるのかもしれません。

（5）同一性 対 役割の混乱（忠誠）

　この段階は 12 ～ 18 歳の思春期・青年期が相当します。この時期

は，身体の急激な成熟，**第二次性徴**など劇的な変化が生じます（少し本筋から外れますが，「第二次」という用語から，みなさんは「第一次」もあるのかという疑問が生じたのではないでしょうか。もちろん**第一次性徴**がまずあります。）。目の前の大人の仕事を見て自分自身が感じている自分と比較した結果，他人の目に自分がどのように映っているかということが第一の関心事となります。そして，今までにさまざまな環境から習得した役割や技能を，現在の役割とどのように結びつけられるかが課題となります。職業に関する同一性を最終的に固められないと，徒党や群衆の中の英雄に一時的に同一化することがあります。徒党を組むことで，忠誠を誓い合い，相互の能力を意固地に試そうとすることもあります。そのようなことが，単純で残酷な全体主義の教義に誘惑される原因となることがあります。

また，それまでの発達段階において，「自律性」課題が未解決であれば，「人に嫌われるのが恐い」と自分を意識して自己非難し，「自発性」課題が未解決であれば，それまでの不道徳な行いを恥じ，罪悪感に苛まれ，「勤勉性」課題が未解決であれば，何に対しても中途半端な自分が嫌になり，劣等感に苛まれ，何もやる気が起こらなくなることもあるでしょう。

(6) 親密性 対 孤独（愛）

この段階は成人初期といえます。同一性の感覚を確立し，経済的，精神的に自立できると自己の同一性を，他者のそれと融合させようとします。他者を自分の理想に当てはめようとしたり，自分の思い通りに動かそうとしたりすることをやめて，相手が自分と異なる部分を持っていることに直面したとき，その異質性を尊重し，愛おしく感じて，互いに尊重し合うことができるようになります。最近，よくあるストーカーは，同一性が獲得できていないのに他者である異性を求めることが原因かもしれません。

同一性を獲得していないもの同士が，結婚自体が「親密性」であ

ると錯覚し，結婚の中で自分自身の同一性を発見しようとすることがあります。しかし，結婚生活の中で女性は，妻として親として社会的役割を果たしていけるか不安が生じ，一方，男性は結婚によって自分が本当にやりたいことができなくなっているのではないかという感覚が生じ，関係が破綻することもあります。このように真の「親密性」が獲得されるには，まず「同一性」が獲得されている必要があります。

　人と深い関わりを持たず，親密を余儀なくされる接触を避けると孤立になります。この状態は，次の生殖性（generativity）の発達に大きな影響を及ぼします。

（7）生殖性 対 停滞（世話）

　この段階は成人中期，中年期に相当します。生殖性とは世代から世代へと生まれていくあらゆるもの，子ども，事物，技術，思想，芸術作品などを生み出し育むことです。自分が親や指導者であることを受け入れ，次世代の指導に関心を持ち，世話をしていくことを通して社会を前進させていくことです。生殖性をライフ・サイクルから捉えると次世代を育てるだけでなく，前の世代（自分の親世代，仕事での上司）から指導的立場を引き継いでいくことも含みます。また，この世代の人は必要とされること自体を必要ともしているのです。

　豊かに成熟することに失敗すると擬似的親密さを求め，自分自身が自分の子どもであるかのように自分を甘やかし始めます。また，乳児期の信頼が欠如していると自分の子どもを社会の歓迎すべき預かりものであるという感覚を持てず，生殖性を発達させることができません。最近，虐待する親が増えていますが，その親自身も乳児期の葛藤が解決されず，信頼が獲得できていないことが原因かもしれません。

(8) 統合性 対 絶望（英知）

　この段階は，ある社会で愛や世話をやり遂げ，次の世代の創造者として位置づけられる成人後期，つまり高齢期に相当します。自分の唯一の人生をそうあらねばねらなかったもの，取り替えがきかないものとして受け入れることです。

　社会の中に無理に残り続けるのではなく，社会からの分離を受け入れ，そのうえで紛れもない自分の人生に関心を持つことです。そして，自分の残された人生において生きられなかった人生を埋め合わせるような活動に喜びを見いだすのか，成人中期において活躍した仕事でやり残したことを次の世代がやり遂げるのを一歩離れたところから見守り援助するのか，何もせず静かに死を受け入れていくのかという選択を自分の意志で行います。

3.4　人生を四季に例えたレビンソン

　レビンソン（Levinson, D. J.）は成人期の発達に着目し，人生を四季に例え，成人期以前（青春），成人前期（17 ～ 40 歳：朱夏），中年期（40 ～ 60 歳：白秋），老年期（60 歳～：玄冬）に分類しました（Levinson, 1978/1980）。レビンソンは 4 つの発達期とその橋渡しをする 4 つの過渡期を考え，過渡期では，次の新しい発達期に向けて現在の生活構造を見直し，修正すると考えています。発達期では自分にとって満足のいく生活構造を築くことが課題となります。前後の発達期の橋渡しをする過渡期では，次の発達期の新たな生活構造をつくり上げられるように現在の生活構造を見直すことが課題となります。

課題

◆◆ 問題提起 ◆◆

双生児が異なる環境に育った場合でも似ているのでしょうか。

◆◆ 仮 説 ◆◆

双生児には一卵性双生児と二卵性双生児があります。一卵性双生児はゲゼルが述べた遺伝的（生得的）要因が優位であり，二卵性双生児は一卵性双生児ほど遺伝的（生得的）要因が優位ではない。

◆◆ 実 証 ◆◆

オスカーとジャックという男性の一卵性双生児がカリブ海のトリニダードにいました。生後まもなく別々に育てられ，オスカーは母親とともにドイツに渡りカトリック教徒となり，ナチス党員として育ちました。ジャックはトリニダードでユダヤ人の父親に育てられ，少年時代はイスラエルのキブツ（興味のある人は，インターネットなどで調べましょう）で過ごしました。二人は一度も連絡をとり合うことはありませんでした。二人が40歳代後半になったとき，別々に育てられた双生児研究をしていたミネソタ大学の研究者に

> Let's Search!!
> イスラエルのキブツ 🔍

呼び寄せられました。二人とも髭を生やし，同じ色の服装をし，食べものの好み，うっかり屋さんであることなど，別々にまったく異なる環境で育ったにもかかわらず，二人の癖や気性は驚くほど似ていました（Nolen-Hoeksema et al., 2014）。

この事例では，一卵性双生児なので遺伝的（生得的）要因が優位といえます。二卵性双生児や兄弟の場合は環境的要因やエピジェネティックス要因が遺伝的（生得的）要因よりも優位に働くので，経験が長い，つまり，長生きすればするほど体調や考えなどが変わってくるといえます。

◆◆ 結 論 ◆◆

双生児のうち，一卵性双生児は遺伝的（生得的）要因が優位といえます。

遺伝的（生得的）要因：親などの血縁者から受け継いでいる要因だけではなく，人類として受け継いでいる要因のこと。

環境的要因：環境という言葉通り，家庭環境，食事の仕方や内容，喫煙や飲酒などの物質，人間関係などからの影響のこと。

エピジェネティックス：DNA の塩基配列を変えずに発現するか，しないかを決める制御機構のこと。

第一次性徴と第二次性徴：第一次性徴とは，外生殖器の構造に基づく性差のことで，第二次性徴とは，思春期に性ホルモンの成熟によってあらわれる身体の特徴のことです（高野ら，1977）。男性は身長・体重・胸囲が急速に成熟し，ごつごつした身体になります。また，体毛が濃くなり，陰毛が発生し，射精を経験し，声変わりします。女性は乳房が膨らみ，骨盤が大きくなり，皮下脂肪が増加し，身体全体が柔らかくなり，月経が始まります。

第5章

身体と運動の発達

本章の目的

　なぜ身体と運動の発達について考えることが必要なのでしょうか。みなさんは「自分は元気いっぱいだし，身体のこと考えるよりも他に考えることがたくさんあるし，運動しなくても身体は動かせているし，このままでいいのではないか」と思っているかもしれません。実際，大学生に授業で運動機能や筋肉の衰えのことをグループで調べて発表してもらい，感想を尋ねると「自分たちには関係ない。今のままで良い」という答えが返ってきます。もちろん，「今から筋肉を鍛えておかないといけない」と答える人もあります。

　この章では，身体と運動を生涯発達の視点から捉えることと，発達障害を有する人の運動機能についての理解も深めてほしいと思っています。

1節　身体の成長

　私たちの身体は，年齢を重ねるにつれて，背が高くなり，体重が増え，全体的に身体は大きくなるイメージがあります。20歳前後で背の高さはピークとなり，成人中期までは，その状態が維持され，成人後期になるとさまざまな要因で背が低くなっていきます。ここでは，身体の成長に及ぼす特徴をみていきます*（▶第4章2節 p.64参照）。

---

*　Merck Manuals on line medical library 小児科身体的成長と発達（2005年11月）
　　http://merckmanual.jp/mmpej/print/sec19/ch269/ch269b.html　（2015/05/08 検索）

1.1 身長の推移の特徴

　図5-1を見てください。左側のグラフを見れば，20歳までは年齢とともに身長が高くなることがわかります。右側のグラフを見れば，思春期（中学生くらい）に男女共，山が高くなっています。女性のほうが男性よりも山が左寄り，つまり，女性は男性よりも早く身長が急激に伸びる時期（成長スパート）が来ます（▶第4章2節 p.64参照）。もう一度右側のグラフをみてください。思春期に山がありますが，もっと高い山が左側の出生前と生後1年くらいにあります。受精時には0.1㎜という目には見えないくらいの大きさですが，約10か月（280日）後には10億倍になるのです。そして，出生時の身長（男児49.1㎝，女児48.6㎝）は生後1年間で1.5倍になります。お母さんのお腹の中で10億倍になるなんてすごいですね。このように1年間で著しい成育を示しますが，出生状態は**生理的早産**といわれます。

　身長は40歳以降平均すると10年で1㎝縮むそうです*。年をとると身長が縮む原因は，①加齢そのものによる水分減少，②骨粗しょう症による背骨の圧迫骨折・背骨の変形，③生活習慣による不良姿勢の3つがあります。人間の体は水が重要な成分です。水分は，子どもで体重の70％，成人で60％，高齢者で50％です。加齢による正常な変化です。人間の背骨は固い骨の椎体と弾力性の円盤状のせん維軟骨からなる椎間板が交互に積み重なってできています。この椎間板の水分量が年をとるとともに減少していきます。椎間板の水分量は20歳頃には88％ですが，高齢になると70％に減少します。そのため椎間板の厚みが薄くなり身長が低くなります。

1.2 身体成長の世代別特徴

　図5-2を見てください。みなさんは，どのようにこのグラフを説明しますか。「20歳以降40歳代まで身長に変化がなく，50歳代以

---

* 耳原鳳クリニック　若い頃と比べて背が低くなっていませんか　健康手帖（2014年5月更新）　http://www.mimihara.or.jp/ohtori/column56.html#top　（2016/08/05 検索）

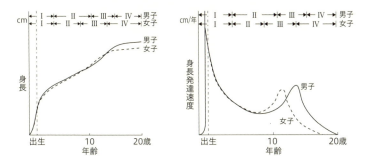

■**図 5-1　身長の年齢別変化**（厚生労働省，2010；体育科学センター，1998 より作成）

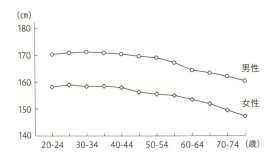

■**図 5-2　日本人の世代別平均身長**（経済産業省，2007 をもとに作成）

降少しずつ背が低くなる」と説明しますか。このグラフは，世代別男女別の身長になります。2004 ～ 2006 年に 20 ～ 24 歳の男女，30 ～ 34 歳の男女というように 2004 ～ 2006 年にそれぞれの年代の男女の身長を測定したグラフです（▶第 3 章 3 節 p.48 参照）。1 つ年代の男女を対象として 10 年後，20 年後などに身長を測定し，同じようにグラフにするとこのグラフの結果は違って来るかもしれません。このような世代による違いをコホート効果といいます。つまり，このグラフの 70 ～ 74 歳代の人は，1930 ～ 1934 年生まれになり，第二次世界大戦を体験し，身長が伸びる成長スパート期に十分な食べも

のがなかったために身長が伸びなかったのかもしれません。第二次世界大戦後，食事の欧米化が進み，身体成熟が著しい時期がありました。その現象を**発達加速現象**，もしくは**発達前傾現象**といいました。

1.3　発達の個人差

　図 5-3 左側のグラフは男性，右側のグラフは女性の 0 ～ 20 歳までの身長と体重の平均値とパーセンタイル値です。左縦軸が身長，右縦軸が体重，横軸が年齢となっています。グラフ内に描かれている曲線内が標準身長，標準体重を示しています。曲線には身長・体重ともに 97，90，75，50，25，10，3 と 7 本の線が描かれています。その各線をパーセンタイル（％）曲線と呼びます。たとえば，97％値は，同じ年齢の子どもが 100 人いるとすると，下から 97 番目を示し，3％値は下から 3 番目にあたる身長または体重を意味しています。97 に近ければ標準内でも高い，または重いほうであること

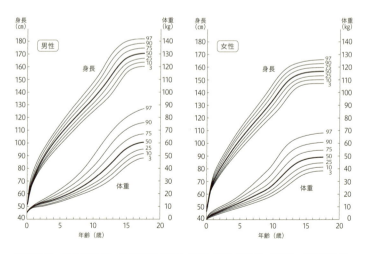

■**図 5-3　男女別身長・体重の平均値と標準**（厚生労働省，2008；文部科学省，2007 をもとに作成）

になり，3 に近ければ標準内でも低い，または軽いほうであること
を示しています。ある年齢の身長あるいは体重が該当年齢の線の内
側に入っていれば，標準内にあるといえます。たとえば，男性の
17 歳の身長の線を見てください。一番太い線である 50％値は 170
cm となっています。97％値は 180cm を超えています。そして，3％
値は 160cm となっています。その差は 20cm 以上になります。また，
このグラフを見ると 0 歳時では％曲線は収束していますが，年齢が
高くなるにつれて％曲線の幅が広くなっていくようです。このよう
に同じ年齢であっても個人差があり，年齢が高くなるにつれてその
差は広がります（▶第 4 章 2 節 p.65 参照）。

2 節　運動の発達

2.1　原始反射

　原始反射は，脊髄・脳幹に反射中枢を持ち，胎生 20 〜 24 週から
発達していきます。生後 2 〜 4 か月頃から，さらに高次の神経機構
に統合され，抑制されていくことにより消
失する反射です（Zafeiriou, 2004）（▶第 4 章 2
節 p.66 参照）。表 5-1 は原始反射の一部につい
てまとめたものです。表にはありませんが，

Let's　Search!!

原始反射

■表 5-1　原始反射（Zafeiriou, 2004 などをもとに作成）

種類	内容	消失時期
吸嚙反射 （sucking reflex）	小指を乳児の口の中に入れると規則的な吸嚙運動（吸い付き）がみられる。	4 か月頃
把握反射 （palmar grasp）	手を新生児の手掌にあてると反射的に把握する。	4 〜 6 か月頃
追っかけ反射 （rooting reflex）	乳児の上下の口唇・左右の口角を触れると口を開き頭を刺激側に向ける。	4 〜 7 か月頃

探索反射は，母親の乳房にある乳首を探すのに必要です。乳首を見つけ，口の中に入れたら，吸綴反射によって乳首を吸います。乳首を吸うことで，乳児は自分が生きるために必要な栄養分を得ることができるのです。このように出生時にすでに身につけている能力が出生後に活かされるのです。原始反射が存在している間は，その反射が関与する**随意運動**は出現できないといわれています。モロー反射や把握反射など，かつて機械的とされた原始反射運動も，最初から出現するのではなく，経験で徐々に上達するが，そのうち興味がなくなるに連れて，以前と同じ刺激では，もはやびくとも動かなくなるため，それらは単なる物理変化や生理的な反射などではなく，当人自身の自発的・主体的で合目的的な動きであるといわれています（成瀬，2000）。最初，刺激が与えられると反射的に反応していた活動は成熟するにしたがって，意図的活動に統合されていくのです。

　病的な場合として脳性麻痺などがあります。近年，AD/HD，アスペルガー症候群，読字障害などの発達障害（▶第12章1節 p.189参照）を有する児童の乳児期の行動映像の分析，現在の姿勢分析を行い，原始反射が残存していると報告しています（McPhillips et al., 2000; Taylor et al., 2004; Teitelbaum et al., 2004）。また，認知症，統合失調症などに原始反射が再出現すると報告されています（Zafeiriou, 2004）。

Let's Search!!
認知症
統合失調症

2.2　運動の種類

　運動には2種類あります（Johnson & Blasco, 1997）。粗大運動と微細運動です。これらについて以下に説明します。

（1）粗大運動

　粗大運動とは，胴体と四肢の大きな筋肉の動きのことです。空間の中で座る，立つ，歩く，走る，跳ぶ，バランスをとるなど姿勢保

■表 5-2　粗大運動の発達（Johnson & Blasco, 1997）

月数	運動技能
3 か月	前腕で支えて頸を上げる
6 か月	支えがあれば座る
12 か月	後ろから支えれば一人で歩ける
18 か月	大きな物を押したり，引いたりする 立ってボールを投げる 子ども用の椅子に座る
24 か月	ジャンプする ボールを蹴る 手すりを持って 1 段ずつ脚を揃えて階段を降りる 手を肩より上にあげてボールを投げる

■図 5-4　粗大運動の発達（Piper & Darrah, 1994 をもとに作成）

持や移動に必要な筋肉の動きのことです。表 5-2 におおまかな月齢ごとの粗大運動の動きを示しています。

　図 5-4 を見てください。乳児の頸の上げ方の成熟を示しています。3 枚の写真のうち，どれが最も月齢が高い写真か，おわかりでしょうか。一番右側の写真になります。それでは，左の写真から右の写真になるには，どのような成熟が必要でしょうか。これにも発達の一般的法則の「発達には方向がある」が関係しています（▶第 4 章 2 節 p.66 参照）。神経系と筋肉（頸と背中）が順番に成熟する必要があります。

（2）微細運動

　微細運動とは腕や手指などの細い筋肉を使った運動のことです。たとえば，みなさんはテーブルの上のカップの中のジュースを飲も

■表 5-3　微細運動の発達 (Johnson & Blasco, 1997)

月数	運動技能	
3 か月	手に物を置かれると自発的に握る	
6 か月	手から手に物を持ち替える 小粒を熊手状の手で掴もうとする	
12 か月	指先でうまく小粒を掴む	
18 か月	小さな立方体積み木を 3 〜 4 つ積む 一筆ならば粗雑に模写する なぐりがきをする	
24 か月	小さな立方体積み木を電車のように並べる 小さな立方体積み木を 7 〜 8 つ積む 垂直線を模写する	

うとすれば，腕や手をどのように動かすでしょうか。まず，テーブルの上にあるカップに腕を伸ばし，そのカップの取っ手を手で掴み，カップの中のジュースを飲んだら，そのカップから手を離しますよね。そのような動きのことです。表5-3におおまかな月齢ごとの微細運動の動きを示しています。

2.3　運動の道筋

　運動の道筋は，「発達の一般的傾向：発達には方向がある」(▶第4章2節 p.66 参照) に従って発達します。具体的には，表5-1，表5-2に示すような順で発達していきます。生後3か月くらいで，いわゆる「首がすわり（頭部）」，その次に5〜6か月で「お座り」（背中と腰部）ができるようになり，10か月くらいから「立っち」（脚部）ができるようになり，1歳を過ぎるくらいから歩けるようになります（移動運動）。この順序は変えることができません。

3節　運動機能と発達期・発達障害

3.1　ゴールデンエイジと運動機能

　ゴールデンエイジという言葉をみなさんは聞いたことがあるでしょうか。小学校高学年の時期（9〜12歳）をいいます。スキャモン（Scammon, R. E.）の発達曲線図 (▶第4章2節 p.65参照) を思い出してください。その図にある神経型は生まれてから5歳頃までに80％の成長を遂げ、12歳でほぼ100％になりました。ゴールデンエイジの前の段階であるプレ・ゴールデンエイジといわれる5〜8歳頃に神経回路の配線が急ピッチで進められる時期なので、積極的な遊びを通して神経の発達を促す活動が必要とされます（城後・竹田，2007）。

　この時期に積極的に外で運動することが必要かもしれません。もちろん、個人差がありますので、運動が苦手な人は無理に激しい運動をする必要はないと思います。ゴールデンエイジまでに栄養、運動などが適切な状態であったかどうかも大切です (▶第4章2節 p.64参照)。

3.2　サルコペニアと運動機能

　サルコペニアという言葉をみなさんは聞いたことがあるでしょうか。サルコペニアとは加齢に伴う筋肉の減少のことです（Morley et al., 2011）。図5-5を見てください。筋力の1種である握力の発達的変化を示しています。男女ともに6歳から成長に伴い、握力は向上し、男女共20〜50歳まではほとんど握力は変わらないようです。そして、男性では60歳代になると急激に低下していき、女性はそれよりも早く50歳代以降急激に低下

していくようです。18・19歳で握力が低下しているのはなぜなのでしょうか。コホート効果 (▶本章1節 p.81参照) によるものでしょうか。図5-6（谷本ら，2010）は下肢筋量の成人期以降の経年変化を表した図です。筋力や筋量は、加齢によって低下していきます。特に筋力の低下は、運動器疾患、ADLやQOLの低下、転倒などを関連しているといわれています（村木，2011）。

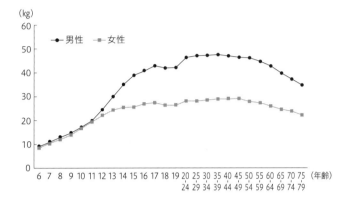

■図5-5　平成26年度握力の経年変化（文部科学省，2014）

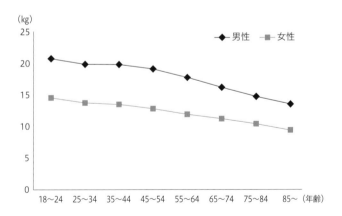

■図5-6　成人期以降の下肢筋肉量の経年変化（谷本ら，2010）

3.3　ロコモティブシンドロームと運動機能

　みなさんは「ロコモティブシンドローム」（日本臨床整形外科学会，2015）という用語は聞いたことがあるでしょうか。ロコモティブシンドロームとは運動器症候群ともいい，日本整形外科学会が 2007 年，新たに提唱した用語です。骨，関節，軟骨，椎間板，筋肉といった運動器のいずれか，あるいは複

> Let's Search!!
>
> ロコモティブシンド
> ローム　🔍

数に障害が起こり，「立つ」「歩く」といった機能が低下している状態をいいます。この症状が進行すると日常生活にも支障が生じてきます。いつまでも自分の足で歩き続けていくために運動器を長持ちさせ，ロコモティブシンドロームを予防し，健康寿命（▶第 3 章「用語の説明」参照）を延ばしていくことが必要とされています。

　先に述べましたが，骨や筋肉のピークは 20 〜 30 歳代です。したがって，若いうちから適度な運動で骨や筋肉に刺激を与え，適切な栄養を摂ることで維持することができます。骨，筋肉，軟骨，椎間板に適度な負荷がかかることでロコモティブシンドロームを防ぐことができます。では，骨や筋肉は何歳になっても鍛えることができるのでしょうか。高齢になると少しサボっただけで筋力や体力が落ちます。若い頃のように少し頑張っただけで筋肉がつくというわけではありません。若い頃と同じ効果を得ようと思うと，それこそ倍は努力する必要があります。高齢になると筋肉に柔軟性がないので，無理なトレーニングも禁物ですし，運動前の準備運動は欠かせない要素となります。ですが，きちんとトレーニングを行えば，還暦を迎えても，80 歳や 90 歳になっても筋力は向上します。

3.4　運動の不器用さと発達障害

　期待される動作と実際の動作が一致しないときに運動の不器用さが感じられます。日常生活で感じる運動の不器用さは，子どもの年代や期待と実際とを比較したときに感じる主観的なものです。しかし，その程度が学習や生活に支障をきたす程度であれば，発達性協

調運動障害が仮定されるかもしれません。発達性協調運動障害とは，本人は真面目に取り組んでいるにもかかわらず，深刻な不器用さのために日常の学習や生活に支障がある状態のことです（増田，2011）。発達性協調運動障害は，LD（学習障害）やAD/HD（注意欠如／多動性障害）（▶第12章参照）などと合併していることもあります。よく判読できない文字を書く大学生に「この字なんて読むのかな，読めないんだけど……」「ふ～ん。そう書いてあるのね。これ急いで書いたわけではないよね」などと尋ねていくと，その学生は「これ以上丁寧に書けって言われても無理。今までもよくそう言われた」と話し出します。これも発達性協調運動障害の1つだと考えられます。不器用さの中には次のようなものがあります。字が汚い（不器用さによる困難で丁寧に書くのをあきらめてしまう），文字をノートに書いていて破いてしまう（筆圧や消しゴムで消すときの力加減がわからない），道具（掃除道具，箸，鉛筆など）をうまく扱えない，楽器の演奏（笛，鍵盤ハーモニカなど）で指の操作がうまくいかずズレてしまう，実験・実技・協同学習などでメンバーについていけず足を引っ張ってしまう，時間内に作品（絵画，書道など）を完成させることができないし，作品の完成度も同年齢に比べると低い，走・投・受の動作がぎこちない，鉄棒や縄跳びができないなどがあります。

　養育者や教育者は，学力に比べて差があるので怠けているのではと考え，叱ったり，練習するようにもっと課題を課したりすることがあります。そのことによって，このような状態の子どもは，自尊心が低かったり，不安が高かったり，周囲から孤立したり，いじめられたりすることもあります。パソコンのアプリを使用することで，先ほどの問題が解決手段になることもあるでしょう。

課題

◆◆ 問題提起 ◆◆

　幼児期からサッカーや野球など特定の運動を専門的に行わせること
をどう考えますか。

◆◆ 仮 説 ◆◆

　幼児期からサッカーや野球など特定の運動を専門的に行わせること
はよくないと仮定します。

◆◆ 実 証 ◆◆

　確かに世界的に有名なスポーツ選手は，有名になったスポーツを幼
少期から行っていたと報道されることが多いです。特定の子どもたち
は，親がそのスポーツに長けていたり，そのスポーツを行う環境が整っ
ていたり，その子どもにそのスポーツが合っていたり，その子にやる
気があったりするなどという多くの好条件が揃っていたからではない
でしょうか。スキャモンの発達曲線図（▶第 4 章 2 節 p.65 参照）にある
神経型は生まれてから 5 歳頃までに 80％の成長を遂げ，12 歳でほぼ
100％になること，ゴールデンエイジの前の段階であるプレ・ゴール
デンエイジといわれる 5 〜 8 歳頃に神経回路の配線が急ピッチで進め
られること，一般的な発達の道筋から考えるとさまざまな積極的な
遊びを通して神経系，筋肉，筋力などの発達を促す活動が必要である
と考えます。

◆◆ 結 論 ◆◆

　発達には個人差があるので，一般化を行うことは難しいかもしれま
せんが，幼児期からサッカーや野球など特定の運動を専門的に行わせ
ることはよくないと考えます。

生理的早産：ポルトマンは，人間は動物学的観点からみた場合，他の哺乳動物の発育状態に比べて，すべて約1年早く産まれるとして人間の誕生時の状態を生理的早産といい，また乳児期を子宮外胎児であると述べています（Portmann, 1961）。そして，人間は未熟な状態から成熟しなければならない大きな部分を残した可逆性に富んだ存在であると位置づけています。

発達加速現象（acceleration）・発達前傾現象 *：身体の成長（身長，体重，胸囲，座高など）や成熟の指標（精通現象，初潮現象など）

が前世代に比べて低年齢化する現象。20世紀半ばから世界的に顕著になってきている現象とされていますが，日本などの先進国では，近年，やや加速度が低下してきているようです。一方，急速に経済が発展している後進国においては，逆に加速度が高まっているとされています。つまり，環境的要因としてのメディアの影響，栄養状態などにより生じた現象ですが，遺伝的要因が限界に達し，加速度が低下してきたと考えられます。

随意運動：飛んだり，歩いたり，泳いだり，声を出したりといった自分の意志による運動。意図を持って行う運動のことです。

---

* 心理学用語集 サイコタム（2011）
http://psychoterm.jp/basic/development/ 発達加速現象（2015/05/17 検索）

- -

第6章

感覚・知覚・認知発達

本章の目的

　みなさんは，感覚，知覚，認知などという言葉を日常生活でどの程度聞いたり，言ったりするでしょうか。正座をして，足がしびれたとき，「足の感覚がない」ということはないでしょうか。

　最初に感覚，知覚，認知について，次に現代社会で最もよく使われる視覚と聴覚の生涯発達について，3番目にピアジェの認知発達について，理解を深めていくことを目的とします。

1節　感覚・知覚・認知とは

1.1　感覚とは

　あなたは，感覚とか知覚という言葉を日常生活でどれくらい使うでしょうか。感覚という言葉は使うことがあるかもしれませんが，知覚という言葉はあまり使わないかもしれません。

　五感といわれる視覚，聴覚，嗅覚，味覚，皮膚感覚・触覚に生じる感覚は，一般的に環境からの刺激が感覚受容器に達したときに生じる意識内容のことで，感覚は，比較的単純な感性体験をさします（高橋，2002）。たとえば，視覚は色や形に，聴覚は音に，嗅覚はにおいに反応し，感じます。これらはその感覚器官固有の事柄です。なぜ，耳で色を感じないのか，不思議といえば不思議です。

1.2 知覚とは*

前記の感覚が集まり，解釈を伴うある程度複雑な感性体験のことを知覚といいます。たとえば，物の表面がザラザラしている，スベスベしている，固い，冷たいなど（皮膚感覚・触覚），丸くて黄色で掌にのる大きさなど（視覚），食物を味わうこと（皮膚感覚・触覚，味覚，嗅覚），音を聴くこと（聴覚）などが知覚とされています。ちょっと感覚との区別が難しいですね。

(1) 知覚の神経回路

いわゆる五感を私たち人間はどのように知覚しているのかというと次のような仕組みになっているようです。

視覚，聴覚，嗅覚，味覚，皮膚感覚・触覚の一般的に五感と呼ばれている感覚に対応する神経系の機能区分は，解剖学・生理学的に解明されてきています。末梢の感覚受容器に入力された物理的・化学的刺激は，感覚中継核というところを経て，大脳皮質一次感覚野（視覚野，聴覚野，嗅覚野，味覚野，体性感覚野）へ到達します。一次感覚野以降は，感覚情報が順次統合され（異種感覚統合），高次の情報に変換されます。

ここでは，脳に直接働きかける嗅覚（＝におい）を用いて，説明します（塩田，2012）。目に見えないほどの小さなにおい分子が私たちの鼻の奥にある嗅覚受容体というところに填まると信号が発せられます。その信号が脳の底の部分にある嗅球を経て，梨状皮質，扁桃体，視床下部，大脳皮質嗅覚野（眼窩皮質）へと瞬時に伝わり，最終的に信号，つまり，においの感覚が嗅覚野で生じ，においの種類が識別されるのです。視覚や聴覚と比べると早く刺激が脳に伝わります。なぜ，嗅覚の神経伝達プロセスが他の感覚に比べて短いのかはよくわかっていません。

---

* 脳科学辞典（2013/04/01 更新） https://bsd.neuroinf.jp/wiki/ 知覚（2016/05/25 検索）

（2）感覚統合と知覚 *

　異種感覚間の相互作用については，すでにアリストテレス（Aristoteles）がその著書『*De Anima*』において五感（視覚，聴覚，味覚，嗅覚，触覚）にそれぞれ特有な感覚とすべての感覚に共通なものがあることを指摘しています。これまでの大脳皮質を対象とした生理学，認知科学の研究によれば，大脳皮質連合野において視覚と体性感覚，視覚と聴覚あるいは前庭覚情報をはじめとする異種感覚の統合が起こることが知られています。紀元前にいわれていたことが20世紀の科学技術の発達によって明らかにされたことはすごいことです。

　具体的にどういうことか考えてみましょう。たとえば，ショウガや豆板醤などの香りを嗅ぐと食欲がわくことは，嗅覚の研究から明らかになっています。そして，ショウガや豆板醤などの香りから今まで食べた料理が思い出され，その料理の見た目，味なども合わせて思い出すことがあると思います。そういうことを感覚統合といいます。人間の脳って不思議です。

1.3　認知

　認知機能とは，感覚器官（視覚，聴覚，嗅覚，味覚，皮膚感覚・触覚）を使って取り入れた刺激を，過去の体験などの記憶と照らし合わせてどのようなものかを判断し，目標を設定したり，計画を立てたり，目標に向かって計画を実際に行ったりといった効果的に行動を行うことなどをいいます。たとえば，「パソコンの画面が光ったら，マウスをクリックしてください」と検査で言われたとします。みなさんは，まず，パソコンの画面を見るでしょう（視覚）。そして，画面が光るかどうかに注意するでしょう（注意・記憶）（▶第7章1節 p.107，2節 p.110参照）。そして，光れば，利き手で持っているマウスを右クリックするでしょう（運動）（▶第5章2節 p.84参照）。また，

---

*　脳科学辞典（2013/04/01更新）　https://bsd.neuroinf.jp/wiki/ 知覚（2016/05/25検索）

たとえばテーブルの上に何かある。これはコップだ。飲み物が入っている。飲んでもよいか尋ねてみようなどの過程です。

2節　視覚・聴覚の発達

2.1　視覚の発達

　みなさんは，見えるということを考えたことがあるでしょうか。視力に問題がある人は，いろいろと考えたことがあると思います。母体内にいるときから視覚は光に反応するといわれています。視覚認知の基礎になる能力は，環境の中で学習（▶第8章2節 p.123参照）されます。つまり，環境的要因（▶第4章1節 p.59参照）の影響も大きいといえます。

　1981年度にノーベル生理学・医学賞を受賞したヒューベル（Hubel, D.）とウィーゼル（Wiesel, T.）によって行われたネコの視覚野（物を見る能力に関わる脳の部位）の実験は有名です*。今では解剖学的視覚野の神経伝達路は明らかにされていますが，彼らの実験がその基礎になっています。彼らは，オトナのネコの視覚野のニューロンのほとんどは左右どちらか片方の目への刺激に対してだけ反応すること（半分は右目，半分は左目）を見つけました。（今だと倫理的に問題があると思いますが）幼いネコの片目を手術で閉じてしまい，オトナになったところで再び目を開けさせたところ，視覚野のニューロンの多くは開いていた目のほうにだけ反応するようになっていたのです。このことから彼らは発生初期にはもともとあった両方の目からのシナプス入力が，そのシナプスの使用頻度に応じて自然淘汰され，オトナになると片方の目からのシナプス入力だけが生き残るようになったと結論づけました。つまり，物を見るという経験（環境的要因）によって，視覚野は発達するのです。アリストテレスが言ったように目は色を求めるのです。

　視覚の発達は，乳児から始まり，およそ12〜13歳頃に大人と同

---

*　美馬達哉（2012/01/18更新）　第四章　可塑性とその分身　人文書院
　　http://www.jimbunshoin.co.jp/rmj/ethics4.htm#_edn20（2016/05/27検索）

■表6-1 **視覚機能の発達**（育視舎視覚発達支援センター，2010）

月齢・年齢	内容
誕生	不随意に眼球を動かす
2週	光るものを50cmほど近づけると，両目で見ようとする
3か月	やや小さなものを目で追えるようになり，同時に頭もその方向に動かすことができるようになる
5か月	座っている範囲の物に頭を向け，それを見て，探索する
2歳	視力が0.5くらいになる 視力を測定できるようになる
5歳	視力が1.0くらいになる 両眼視の機能はさらに安定し，完成する
12歳	両眼視をはじめ視覚機能は強固に完成する

じようになります。表6-1は，生後から12〜13歳までの視覚の発達を示しています。病気などで目を使わないことになれば，2〜3歳では視力は消失することになり，4〜5歳では視力は失われることはないが，一部損なわれたり，不安定になったりします。このことから2〜3歳が視力の感受性期（▶第3章「用語の説明」参照）（山口，2015）といえるかもしれません。

　表6-1に示した通り，12歳くらいになると視力は完成します。図6-1は，年齢別視距離と視力の関係を示したものです。35歳くらいから視力は低下していき，45歳くらいを境として眼疾患がない場合でも視力は低下する傾向にあり，特に75歳以降，急激に低下するといわれています（福田，1990）。加齢による何らかの眼疾患がない場合，眼球自体の光の透過率の低下や老人性縮瞳による網膜照度の低下などの光学的要因と網膜から中枢に掛けての機能の生物学的低下によるものとされています。つまり，40歳以降になると調整力の低下（強い光を受けた際に不快感や眼の痛みなどを生じること），暗順応の低下，視野の減少などが起こってきます*。

---

*　老人の特徴（2004/05/11 更新）
　http://www.magiccity.ne.jp/~nurse/deta-bank/kango/sinia/tokutyou.htm（2016/05/57 検索）

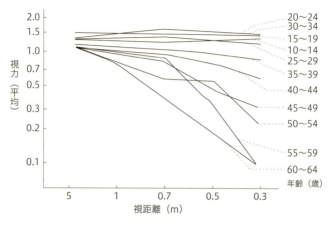

縦軸: 視力（平均） 2.0 1.5 1.0 0.7 0.5 0.3 0.2 0.1

横軸: 視距離（m） 5 1 0.7 0.5 0.3

右側ラベル:
20～24
30～34
15～19
10～14
25～29
35～39
40～44
45～49
50～54
55～59
60～64
年齢（歳）

■図6-1　年齢別視距離と視力の発達的変化（福田，1990）

2.2　聴覚の発達

　聴覚は視覚とともに人間が社会生活を営むうえで非常に重要な感覚です。聴覚器は出生時に成人とほぼ同じ形態を備えており，音刺激に反応する能力をすでに有しています。しかし，音を認識し，解釈する機能は，生後の発達の中で獲得されていきます（環境的要因（▶第4章1節 p.59参照））（常石，2008）。胎児は子宮内において聴覚刺激を受けており，聴力が備わっているといわれています。生後4か月くらいから音がするほうへ目や顔を向けたり，母親の声に反応したりするようになります。4歳でほぼ成人と同等の聴力を獲得すると考えられています。図6-2は年齢別平均聴力を示しています。最初は高音から聞こえにくくなり，難聴が進行するにつれて低音から中音域まで聞こえにくくなります。また，年をとると聞こえにくさは加速し，高い音ほど聞こえにくいようです（山岨・越智，2014）。同じ年齢でも人によって難聴の程度は大きく違い，65歳で難聴になって困る人もあれば，85歳でも普通に聞こえる人もいます。近年では30代の半ばなど若い年代であっても老人性難聴の症状を発

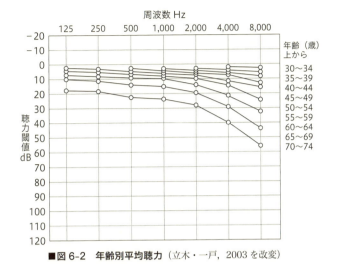

■図 6-2　年齢別平均聴力（立木・一戸，2003 を改変）

症するケースがみられます。森やジャングルなどで，今も昔ながらの伝統を重んじながら生活を続けているある民族では高齢者でもしっかりと耳が聞こえており，難聴症状がわずかしかみられなかったという話もあります（吉澤，2003）（▶第 4 章 2 節 p.65 参照）。

　耳の老化をもたらす最大の原因として考えられる要因の 1 つに，騒音などの環境的要因があげられます*。耳は大きな騒音にさらされ続けていると耳の内耳器官にある音を脳に届ける役割を持つ有毛細胞と呼ばれる細胞が少しずつ壊れていってしまうからだといわれています。

3 節　認知の発達

　認知とは，外界にある対象を知覚したうえで，それが何であるかを判断したり解釈したりする過程のことをいいます。たとえば，夜間に道路工事をしているときに，工事をしていることを遠くにいる

---

*　老化予防対策ガイド　http://www.rouka-manabi.com/expression/ear.html　（2015/05/08 検索）

人に知らせるために長いロープのようなものの中に赤いライトが点いたり，消えたりします。見ている人には，赤い光が順番に移動しているように見えます。実際には，赤いライトが点いたり消えたりしているだけですが，動いているように見えます（仮現運動といいます）。

認知には，「注意・記憶」（▶第7章 p.107 参照），「学習」（▶第8章2節 p.123 参照），「言葉・思考」（▶第9章 p.137 参照），「社会性」（▶第11章2節 p.178 参照）などが関与します。

発達心理学では，ピアジェ（Piajet, J.）の認知発達理論が代表的です。ピアジェの認知発達理論は4段階とされています。ここでは，この説を中心に説明します。しかし，

Let's Search!!
ピアジェの認知発達理論

三嶋（1981）は，「ピアジェが最終的結論として提出した発達段階の記述によれば，誕生から4・5歳ないし6歳までが『前操作的段階』，6・7歳から8・9歳あるいは児童によっては11歳頃までの間が『具体的操作段階』，そして，早ければ10歳から11・12歳以降が『抽象的操作段階』に相当する」としており，「ピアジェは，自己の全理論の方法論的再検討によって『ピアジェ理論の転向』の決意を固めていた。（中略）発達は必ずこの（認知発達）段階の順序を踏み，踏み越したり，前後することは断じてありえないという10年前までの学説は撤回されて，3段階のいずれか2つの共在説まで認めるようになった。また，発達に関しては，先に形成された概念が後の諸概念の基礎構造をなすという一貫した立場が撤廃されて，後の段階が前成的・潜勢的に先の段階の根底に横たわり，『規範』として働くという説に転化するに至った」とし，「ピアジェ理論の転向は，学界への影響と部下の研究者たちへの衝撃があまりにも大きいことを慮（おもんぱか）って，ピアジェ自身，存命中に自ら発表に踏み切る気はなかった」と述べています。つまり，ピアジェは，感覚と運動で外界を探索することを認知とは捉えなくなったのでしょうか。また，「……後の段階が前成的・潜勢的に先の段階の根底に横たわり，『規範』として働くという説に転化するに至った」というのは，遺

伝的要因（▶第 4 章 1 節 p.59 参照）を重視し，あらかじめさまざまな認知
発達が組み込まれていると考えたのでしょうか。ピアジェが亡く
なって数十年が経ちますが，いまだに世界中で 4 段階説がピアジェ
の認知発達理論といわれています。その後，ピアジェの認知発達理
論について，さまざまな追加の研究が行われています。たとえば，
具体的操作段階にある子どもの思考発達には学校へ就学する経験
（環境的要因）が大きく関わること，つまり，児童期という年齢段
階に達すれば，具体的操作段階に至るのではなく，文化的社会的影
響が大きいという研究報告もあります。ここでは，ピアジェの認知
発達理論（Liebert et al., 1977/1978）を簡単に説明します。

3.1　感覚運動的段階（0 〜 2 歳）
　この段階は，対象の認知を感覚と運動によって行う段階といわれ
ています。また，言葉と思考の前の段階ともいわれています。たと
えば，母親の手を見たり，声を聞いて母親そのものの存在を知った
りします。また，ベビーチェアに座っている乳児は，前にある小さ
な玩具を床に落とし，そして，それを見つめたりします。もし，見
つけられない場所に落ちると探して視線を移動させることはありま
せん。大人が拾って，元の場所に置くと，また，落としたりします。
このような経験を重ねることを通して**対象の永続性**の観念を獲得し
ていきます。2 歳児はすでに，この観念を獲得しています。

3.2　前操作的段階（2 〜 7・8 歳）
　この段階では模倣と象徴機能を学習します。これらが思考（▶第 9 章
2 節 p.143 参照）に結びつきます。また，言葉（▶第 9 章 1 節 p.137 参照）も獲得
していきます。言葉は**象徴機能**の一形態であり，思考は言葉を獲得す
る前から存在しています。言葉を獲得することで活動範囲は知覚場
（今ここ）から時間・空間的に拡大され，概念的思考が発達します。
それで，「ごっこ遊び」ができるようになります。たとえば，「ままご
とごっこ」では，知覚場には，母親はいませんが，母親のイメージが

象徴機能として存在しているので，母親を演じることができるのです。

　これ以外に，**自己中心性**という特徴があります。自己中心性には，「前社会性」「前論理性」「前因果性」の３つが含まれています。前社会性とは，自他が渾然と融合していて，未分化なことをいいます。前論理性とは，思考（▶第9章2節 p.143 参照）でも説明しますが，この段階の子どもは，断言しますが，前提から結論へという思考はしません。たとえば，「Aちゃんは一番偉いんだ」と断言します。けれども，「どうして？」と尋ねてもその理由や前提を説明することはできません。前因果性とは，「なぜ」の原因と結果が混然としていたり，汎心論（**アニミズム**）や人工論（すべてのものは人間によって，あるいは神によって作られたという信念）があることをいいます。たとえば，子どもたちの作品の素材にしようとして落ち葉をビニール袋に入れて置いていたところ，呼吸をしていた落ち葉があり，ビニール袋の内側に水滴がついていました。その袋を見た子どもは，「あっ！　落ち葉が泣いている」と言いました。もしかしたら，その子どもは自分が部屋などに閉じ込められて悲しい思いをして泣いたことがあり，その体験をビニール袋に入った落ち葉に見立てたのかもしれません。また，夜，バスに乗っていたときのことです。子どもが外を見ていて言いました。「ねえ，お月様が僕についてくるよ」。周りの人はそれを聞いて，「この子は詩人だね～」と言いました。これらはこの子どもたちがアニミズム的思考をした例といえます。つまり，最初の例は落ち葉に意識があり，悲しんで泣いているからビニール袋に水滴がついていると思い，2番目の例は，月を生き物のように思っているのでついてくると思ったのでしょう。

　人工論の例として，子どもが，夜，閉めたカーテンを指さして「ねえ，カーテンを開けて，お昼にして」と言いました。また，別の子どもに「木はどうして大きくなるの？」と尋ねると「それはね，鉛筆削りの削り箱に入っている（木）くずを糊でくっつけて大きくするんだよ」と答えました。前者は，母親が夜になるとカーテンを閉め，朝になるとカーテンを開けるのを見ていて，因果関係を逆に

捉えた例です。本当は暗くなるのでカーテンを閉め，明るくなるので
カーテンを開けるのですが，子どもは大人がカーテンを閉めるから
暗くなって夜になり，カーテンを開けるから明るくなって朝にな
るというように捉え，原因を人間だと考えているのです。後者の例
も同じく，本当は木を切って人間が鉛筆を作っているのですが，子
どもは人間が鉛筆の木くずをくっつけて大きな木にしていると思っ
ている，つまり，人間が原因と考えているのです。

3.3　具体的操作段階（7・8 歳～ 11・12 歳）

　この段階の子どもは，「個（部分）」から「個（部分）」への思考
に終始していて，まだ，「一般性（全体）」に達することはできませ
ん。**脱中心化**や変換が可能になり，可逆性の原理を認識できるよう
になります。しかし，環境の中で生じる具体的な事象間の関係は理
解できても，現実の事象ではない形式的な抽象化を必要とする課題
を解決することはできません。

　この段階になると，数や量の保存概念が成立し始めます。子ども
に 2 個の粘土ボールを見せ，この 2 つの塊が同じ量であることを確
認させ，その後，これら 2 個のうち 1 個を細長く伸ばしたり，平た
くしたりしたあとで，2 個の塊が同じ量であるかを尋ねます。7 歳
児以降は，変形された粘土塊は変形前と同じ粘土量を持っているか
ら，2 個の粘土塊は同じだと答えます。

　みなさんは，「9 歳の壁」という言葉を聞いたことがあるでしょ
うか。もともと難聴児の言語力と学力が健常児の 9 歳レベル以上に
は向上せず，いわゆる「9 歳の壁」があることが知られていました
（山岨，2011）。実際には，9 歳頃から生じる具体的思考から抽象的
思考への移行がスムーズにいかないことです。言葉から導かれて再
現されるべき視覚イメージを明確に意識化できていないことをいう
ようです（糸山，2010）。1970 年代後半になると小学校中学年で学
力面のつまずきが増加する現象が報告されるようになり，「9 歳の
壁」といわれるようになっています（藤村，2009）。

3.4 抽象的・形式的操作期 (11・12 歳以降)

　この時期には，形式的，抽象的操作が可能になり，現実の具体的な出来事の内容や時間的な流れに囚われることなく，現実を可能性の中の1つと位置づけて論理的に操作を行えるようになります。また，操作の形式と内容を明確に区別できるようになります。たとえば，振り子の周期はどの場合に同じになるのでしょうか。ひもの長さ，おもりの重さ，投下位置，はじめの強さの何が原因かを調べる課題を出します。図6-3 は，ピアジェの発達課題の男女別正答率をグラフ化したものです。これをみると振り子課題という抽象的・形式的操作は，16 歳の男性で 14 ～ 32%，女性で 25 ～ 27%の正答率です (Shayer & Wylam, 1978)。つまり，抽象的・形式的操作をなかなか身につけられない人がいるといえます。しかし，科学的課題では抽象的・形式的推論はできなくても，社会的内容，対人関係に関わる内容，興味のある課題であれば，抽象的・形式的推論は可能であるという説もあります (Coleman & Hendry, 1999/2003)。

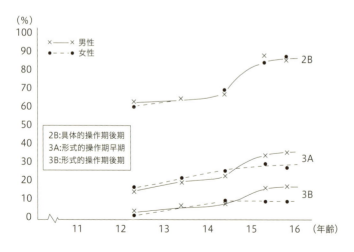

■図6-3　ピアジェの発達課題の男女別正答率 (Shayer & Wylam, 1978)

課題

◆◆ 問題提起 ◆◆

聴力の低下は予防できるでしょうか。

◆◆ 仮説 ◆◆

若者の聴力低下は予防できると仮定します。

◆◆ 実証 ◆◆

　図 6-2 からみれば，40 歳代くらいから聴力の低下がみられますが，これには環境の影響が大きいと考えられます。イヤホンやヘッドホンなどで長時間，音楽などを聞き続けていると聴力の低下を招くといわれています。実際，イヤホンやヘッドホンをつける習慣が増えてきている若者に聴力の低下が目立っているといわれています。物音を聞くとき，耳の中の有毛細胞が音を受信します。長時間，大きな音を聞き続けることでこの有毛細胞が摩耗し，それにより聴力が低下します。このことから，環境を整えることで有毛細胞の消滅を防ぐことができれば，予防できるといえます。

◆◆ 結論 ◆◆

　加齢による聴力の低下は自然現象ですが，大きな音で音楽などを聴き続け，有毛細胞を減らしてしまうことは環境的要因と考えられるので，それを避けることで聴力の低下は予防できるといえます。

用語の説明

対象の永続性（object permanence）: 対象（物体）は目の前から見えなくなっても存在し続けることに気づくことです。18 か月以降に獲得します。

象徴・表象（representation）: 実際の活動や対象がなくてもそれら

について考えたり，表現したりできるようになることです。例：延滞模倣，ごっこ遊び（imaginative play），言葉など。（「表象」は第 9 章 1 節にあります。）

自己中心性（egocentrism）: 自分の視点以外の視点が存在するこ

とを認識できず，周りのすべて
の人も自分と同じように外界を
知覚，認識していると確信する
ことです。

アニミズム（animism）：汎心論。
すべてのものは生命と意識を持
つ存在と考える傾向，すなわち
擬人化して捉える傾向があるこ
と。例：「靴を靴箱に入れないと
靴が怒っているよ」と言うと，慌
てて靴を靴箱に入れる幼児。

脱中心化：自分自身の特定の視点か
ら外界を認知する傾向を中心化
といいます。7歳頃から，ほとん
どの子どもは事物に対して多面
的あるいは総合的な見方や捉え
方ができるようになります。

保存（conservation）：物質の量や
重さなどは加減されないかぎり，
その形状が変化しても「量や重
さ」は変化しないこと。

第7章

注意・記憶の発達

本章の目的

　「注意する」とか，「記憶する」などという言葉は日常生活でよく用いられる言葉です。これらの言葉は心理学では，どのような意味なのかを知ることをこの章の目的とします。そして，高齢者や発達障害のある人の注意や記憶の特徴を知り，その知識を日常生活に活かしていけることも目的とします。

1節　注意

　みなさんは，小さい頃から「周りに注意して，道を歩きなさい」とか，「先生の言うことを注意して聞きなさい」などと言われたことはありましたか。筆者は，小さな頃から注意が足りなかったのでしょう。よく母親からこのように言われた記憶があります。そして，その母親に言われたことを今も「注意しないと……」と活かしています。そういう意味で環境的要因の影響は大きいです。

　人間は，日常生活において多くの情報を知覚し，それを認知しています（▶第6章1節 p.95参照）。たとえば，今，みなさんは，この本を読んでいます。しかし，少し注意の範囲を広げる，あるいは周りの刺激を感じようとするとどうでしょう。車の音が聞こえたり，隣の家の人の話し声のようなものが聞こえたり，スマートフォン（以下，スマホ）からメッセージ到着を知らせる音，光やバイブなどを知覚したり，自分の家のキッチンから珈琲の香りが漂ってきたりすることがあるでしょう。筆者も今，この部分を書きながら，横に置いているスマホからメッセージ到着を知らせる音，光やバイブなどがあ

るたびに，スマホをチェックするので，なかなか集中できないという状態にあります。

1.1　注意とは：選択的に注意を向ける過程

　日常生活におけるあらゆる瞬間に感覚器官 (▶第6章1節 p.93 参照) は，環境から多くの情報に晒（さら）されています。膨大な情報から，その時点で関わっている課題に関係のある情報のみを選択し，それ以外の情報は無視（選択的注意）しているのです。みなさんは，そんなことは当たり前だと思うかもしれませんね。その当たり前の過程について説明しましょう。

　ある課題に選択的に注意を向けるには，3つの過程が関係しているといわれています（Nolen-Hoeksema et al., 2014/2015）。第一に，課題に関連のある事項に注意を向ける過程があります。その次に，課題に関連する情報を処理する方法に注意を向けさせる過程があります。第三に，その課題に関わる情報に注意を向け続けるか，注意を別のことに切り替えるかを決める過程があります。たとえば，教室で教師が話し始めたとき，教師，あるいは教師の声に注意を傾けます。これが第一の過程です。それから，教師が語る内容のうち自分が関心のある内容を理解しようとさらに注意を集中していきます。これが第二の過程です。そして，教師の話が続くと，さらにそれに注意を集中し続けるか，少し別のことに注意を向けるか，たとえば，あとどれくらいで話が終わるかなとか，お昼に何を食べようかなどです。これが第三の過程です。

1.2　注意の種類

　注意には，「検索」「注意集中」「注意の持続」「選択的注意」「注意の切替え」「注意の分割」「注意の抑制」の7種類があります（Mason & Smith, 2005/2006）。検索とは，ある種類の情報の中から特定の情報を選び出す能力です。たとえば，多くの名前が書かれている名簿から"山本真由美"という名前だけを選び出すことなど

が当てはまります。

注意集中は，特定の課題にエネルギーを長時間維持する能力です。難しい課題を行おうとするときには，注意を集中する必要があります。みなさんはビーズでアクセサリーを作るのが得意でしょうか。筆者はビーズでアクセサリーを作るのが苦手なので，かなりの集中力が必要になります。

注意の持続は，「ヴィジランス」ともいわれ，注意の焦点を維持し，長時間にわたって持続する能力のことです。たとえば，自動車でどこかに行くために長時間運転することなどです。

選択的注意は，多くの情報の中から必要な情報のみを特定して選択する機能のことです。みなさんは，人がたくさんいるパーティ会場で特定の人と話そうと思った場合，その人の話し声だけに注意を集中することができるでしょうか。これを「カクテルパーティ効果」といい，選択的注意の中の聴覚的注意となります。

注意の切り替えは，2つ以上の情報に交互に注意を切り替えることです。たとえば，朝起きて，仕事や授業までに時間があまりない場合に，食事の準備をしながら，歯磨きや洗面をし，着替えをするなど，さまざまなことを同時にしませんか。このような状態のことです。

注意の分割は，2つ以上の課題を並行して処理するときに働く機能です。みなさんは，授業などを受けているとき，教師が話すことに集中をしながら，黒板を見たり，ノートをとったりします。そういう状態のことです。

注意の抑制は，目的と関係ない情報の処理や不適切な行為を抑える機能です。たとえば，自動車を運転しているとき，運転しながら同乗者と話をしていて（先ほどの注意の分割），急に別の自動車が割り込んできたりすると，助手席の人との話は無視というか抑制され，自動車の運転に集中すると思います。そのような状態です。

2節　記憶

2.1　記憶とは

過去経験を保持し，後にそれを再現して利用する機能で，「符号化（記銘）」「貯蔵（保持）」「検索（想起）」の3段階があります。「記銘」とは新たな情報を取り込むことで，「保持」とは記銘した情報を覚えておくことで，「想起」とは保持した情報を思い出すことです。

2.2　記憶の過程

記憶に至るまでの過程（プロセス）には，「感覚記憶」「短期記憶」「長期記憶」の3つの記憶があります。

（1）感覚記憶

外界から感覚器官（▶第6章1節 p.93 参照）を通じて入ってきた刺激情報を，ごく短時間留めておく記憶のことです。視覚刺激の場合は数百ミリ秒以内，聴覚刺激の場合は数秒以内の記憶です。

（2）短期記憶（一次記憶，ワーキングメモリ（作動記憶））

意識的操作が可能な状態で情報を保持する一次記憶と記憶の情報処理も同時に含むワーキングメモリ（作動記憶）に分けられます。

ワーキングメモリ（作動記憶）は，計算，読書，推理などの認知課題を遂行する際の作業場のような役割を果たします。一次記憶は15〜30秒以内の記憶で，次の長期記憶に移行しないかぎり，消えてしまう記憶です。短期記憶は注意能力と関係します（Mason & Smith, 2005/2006）。ある情報に注意を注げば注ぐほど，それを記憶できる可能性は高まります。注意を払うことが記憶力を改善することにつながります。

短期記憶の記憶容量は，「マジカルナンバー7±2」といわれ，5〜9項目（チャンク）です。これは視覚情報も聴覚情報も同じです。たとえば，今やスマホがその役目を果たしてくれるので，みなさん

はもう電話番号を覚えるということはないかもしれませんが，09012345678という数字の列があるとします。11個の数字があり，先ほどの項目数以上となり，覚えられないことになります。しかし，090 － 1234 － 5678と3項目の塊にして覚えることで，ほとんどの人が記憶できることになります。

　短期記憶は，必要がなくなったり，時間が経ったり，新しい情報と置き換わったりすることで忘れ去られます（忘却）。

(3) 長期記憶 *

　ほぼ無限の容量を持つ永続的な記憶です。図 7-1 を見てください。

　長期記憶は，このようにまず大きく2つに分類されます。1つが「宣言的記憶（陳述記憶）」で，もう1つは「非宣言的記憶（非陳述記憶）」です。

　宣言的記憶（陳述記憶）は，さらに2つに分類されます。「エピソード記憶」と「意味記憶」です。エピソード記憶とは個人が経験した出来事に関する記憶のことです。出来事の内容（「何」を経験したか）に加えて，出来事を経験したときのさまざまな付随情報（周囲の環境，すなわち，時間・空間的文脈，あるいはそのときの自己の身体的・心理的状態など）もともに記憶されています。たとえば，公園のブランコを見たときに，「子どもの頃によく公園で乗ったな，楽しかったな……。そういえば，あの子とよくブランコの取り合いをしたな……」などと思うことです。みなさんにもそういう記憶があると思います。

　意味記憶は，言語とその意味（概念），知覚対象の意味，対象間の関係，社会的約束など世の中に関する組織化された記憶のことです。たとえば，簡単なものでは，「バナナとは黄色で長細い形をしている果物の一種で食べると美味しい」などのことをいいます。少し難しくなると「愛とは何か」などがあります。みなさんならどう

---

* 鈴木麻希・藤井俊勝（2013/08/17 更新）　陳述記憶・非陳述記憶　脳科学辞典
https://bsd.neuroinf.jp/wiki/陳述記憶・非陳述記憶（2016/09/13 検索）

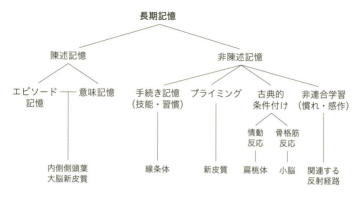

■図 7-1　**長期記憶の分類**（Squire & Zola, 1996 をもとに作成）

説明するでしょうか。たとえば，「他者の自己を自分の自己のように見なすこと，他者を自分のように愛すること」（田中，2005）などの説明が考えられます。それが意味記憶です。

　このように意味記憶は，色，形，用途などから抽象的なものまでの広い概念が含まれます。また，知能検査などの項目にもなっています。

　非宣言的記憶（非陳述記憶）は，「手続き記憶」「プライミング（priming）」「古典的条件づけ」「非連合学習」などに分類されます。

　まず，手続き記憶とは，同じ経験の繰り返しによって獲得されるもので，自転車に乗れるようになるとか，泳げるようになるというような記憶のことです。いったん形成されると意識しなくても自動的に行うことができ，長期間保存されます。その内容によって，「運動性技能」「知覚性技能」「認知性技能（課題解決）」の３種に区別されます。運動性技能とは，先に述べたような自転車に乗るとか，泳ぐなどの技能です。知覚性技能とは，たとえば，文字の読み取りなどの技能です。認知性技能とは，クロスワードパズルとかナンプレ（数独），知恵の輪など複雑なパズルを解く技能のことです。

　次に，プライミングとは，以前の経験をもとにして，それよりも

後に経験する対象の検索・想起を促進（あるいは抑制）する現象のことです。プライミングも直接プライミングと間接プライミングの2種類に分けられます。

　直接プライミングとは，引き出そうとする記憶内容（プライム）と思い出そうとする記憶（ターゲット）が同じ種類の場合のことをいいます。たとえば，「しりとりゲーム」をする前に「野菜の名前」をお互いに言い合っていると，しりとりゲームに野菜の名前が出てくる場合が多くなります。

　間接プライミングとは，引き出そうとする記憶内容（プライム）と同次元のものではないけれども，関連性の高い情報を短い時間のうちに続けてターゲットとして提示する場合のことです。たとえば，イタリアの話をしておいて，料理のことを話題にするとピザ，スパゲティ，ミネストローネなどイタリア料理に関する話題が多く出てきます。このようにキーワードをあらかじめ提示することが，記憶内容を思い出すことを促進するといえます。

　次の古典的条件づけ（▶第8章2節 p.124参照）と聞くと，心理学を少し勉強している人はパブロフ（Pavlov, I. P.）という人を思い出すでしょう。たとえば，梅干しやレモンを見ると唾液が出るということはないでしょうか。このように繰り返し経験することや訓練などによって，本来は結びついていなかった刺激（梅干しを見る）と反応（唾液分泌）が結びつく現象のことです。

　最後に，非連合学習とは，同じ情報を繰り返すことによって，慣れが生じ，反応が減ったり，逆に増えたり（鋭敏化）することです。たとえば，最初は関心が高かった情報でも，何度も何度も同じ情報が与えられるとだんだん関心が薄くなります。そのような内容のことです。

2.3　効果的な記憶法

　記憶する場合には効果的な覚え方があり，「初頭効果（primacy effect）」と「新近効果（recency effect）」の2種類があります。

初頭効果とは，文字通り，最初のほうに覚えたものは記憶されやすいということです。新近効果（終末効果［terminal effect］ともいいます）も文字通り，最後に提示されたものが思い出しやすいということです。短期記憶の記憶容量のところでも書きましたが，短期記憶の項目数は7±2です。その場合，6～7番目が覚えにくいのです。

2.4　忘却のメカニズム

　覚えたことを私たちはどのように忘れるのでしょうか。これには，3つの説があります。1番目は「減衰説」，2番目は「干渉説」，最後の3番目は「検索失敗説」です。

　減衰説とは，記憶の痕跡が時間の経過とともに弱まり，最終的には消えてなくなり，想起できなくなるという考え方です。

　干渉説とは，ある記憶情報が別の事柄の記憶情報に邪魔され，想起がうまくいかず，思い出せないことです。干渉説には，逆向干渉（逆向抑制）と順向干渉（順向抑制）の2つがあります。逆向干渉（逆向抑制）は，あとに覚えた情報が邪魔をして先に覚えたものを先に忘却してしまうことで，順向干渉（順向抑制）は，先に覚えた情報が邪魔をして，あとで覚えた情報を先に忘れることです。たとえば，歴史の出来事とその年号，英単語，数学や物理の公式などを覚えたら，テレビやパソコン視聴などの干渉が入らないように眠れば，邪魔されることがないので，忘れにくいと考えられます。

　検索失敗説とは，検索するための適切な手がかりがないので，思い出すことができないことをいいます。想起できない，つまり，思い出せないのは保持されている情報にうまく連絡できないからで，情報そのものが減衰してなくなったわけではないと考える説です。ちょうどコンピュータである用語を検索したときに検索に時間がかかり，なかなか出てこないというようなことに似ています。

3 節　注意と記憶の発達的変化と発達障害

　記憶能力は，成人期初期まで質量とも増加していきます。成人期初期以降はどうでしょう。図 7-2 は，知能検査のうち，記憶に関する下位検査項目の年代別変化です。ワーキングメモリ，短期記憶，長期記憶，処理速度などは加齢に伴って減衰していきます。言語的知識，すなわち意味記憶に関するものは，加齢による減衰はありません。この結果から，記憶の加齢現象についてどのようなことがいえるでしょうか。記憶は加齢に伴い，衰えていくのですが，言葉で覚えていることは歳を重ねても維持されているということでしょう。ただ，この結果も横断的研究法 (▶第 3 章 3 節 p.48 参照) に基づくものなので，解釈は慎重にすべきかもしれません。

　加齢に伴うさまざまな記憶力の低下については，次のような説もあります。

　子どもから大人までの度忘れの頻度は，実は一定であるという考

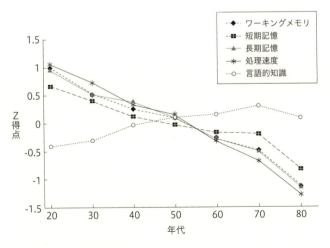

■図 7-2　記憶種別年齢変化 (Park & Gutchess, 2002 をもとに作成)

えです。大人はそれを「老化の象徴」と捉え，深刻に考えますが，子どもは思い出せなくても特に気にはしていないというものです。また，子どもと大人の時間感覚の違いが，記憶へのイメージの違いと関係するという考えもあります。記憶しても使わなかった情報は大人も子どもも，半年もすれば同様に忘れます。小さな子どもにとって"半年前"は"大昔"になりますが，大人にとって"半年前"は"最近"だったりします。だから，大人はそんな"最近"のことを思い出せないのがショックとなるのです。人の名前が思い出せないことについても大人は子どもに比べて知人の数が圧倒的に多いのです。たくさんある引き出しから1つの名前を取り出すには，当然，時間がかかります。知人が，まだ少ない子どもは，少ない引き出しから簡単に1つを取り出すことができますし，何度も出し入れするため，記憶を定着させる反復効果も高いので，人の名前をすぐに思い出せるのです。

　発達障害のうちのAD/HDの人は，注意の切り替えがうまくいかないので漏れやうっかりが多くなります。たとえば，講義で提出するはずのレポートを書き上げていたのに，夜にスマホでメールやゲームをし続けてしまい，期限を忘れて提出できず，単位を取得できなかったということが生じたりします。また，注意の分割がうまくいかないため，講義中，人が発表をしているときに気になったことを次々に質問してしまい，講義の進行を妨げてしまうことなどもあります。

課題

◆◆ 問題提起 ◆◆

　感情制御に注意は関係しているでしょうか。

◆◆ 仮 説 ◆◆

　感情制御に注意は関係していると仮説します。

◆◆ 実 証 ◆◆

　感情制御とは，感情のうち，特にネガティブ（負）な感情を自分の中に抱える，つまり，制御できないこととします。そのことは対人関係に悪影響を与える可能性があります。注意には，能動的注意と受動的注意があります。怒りなどのネガティブ感情が生じたときにそのことに能動的に注意を向けなければ，本能のままに怒りを表出することになり，対人関係が悪くなります。

　ネガティブ感情に能動的に注意を向けることで，必要であればネガティブ感情を制御し，感情の表出を抑えることで対人関係を良好に保つことができるはずです。

◆◆ 結 論 ◆◆

　したがって，仮説通り，感情制御に注意は関係しているといえます。

用語の説明 -

宣言的記憶（陳述記憶）：言葉で説明することができる記憶。

非宣言的記憶（非陳述記憶）：自転車に乗る，泳ぐ，料理をするなど必ずしも言語で表現できるとはかぎらない記憶。

- -

第 **8** 章

動機づけ・学習の発達

本章の目的

　この章では，動機づけ（やる気）は，どのようなことがきっかけで起こるのか，失われるのか，学習は，心理学ではどのような意味なのかなどを考えていきたいと思います。また，動機づけや学習は，どのように発達的変化をするのか，発達障害との関連なども検討することを目的とします。

1節　動機づけ

1.1　動因と誘因

　今，すごくお腹がすいたとイメージしてください。どのような状態になるでしょうか。おそらく「お腹がすいた」という感覚（▶第6章1節 p.93参照）を感じるでしょう。そのときにもし，道を歩いているとしたら，コンビニ，スーパーマーケット，あるいはファストフードの店を敏感に探すかもしれません。寒い時期であれば，温かい飲み物や鍋物，おでんなどを食べたいなあと思うし，暑い時期であれば，アイスクリームや冷たい飲み物，口当たりの良いゼリーなどを食べたいと思うかもしれません（▶第7章2節 p.110参照）。感情も変化し，人によってはお腹がすいてイライラしたり，怒りっぽくなったりするかもしれません（▶第10章1節 p.155参照）。そして，もし授業中などであれば，課題を考えたり解いたりすることに集中できず，「授業が終わればあれを食べよう」などと考えることに集中するかもしれません（▶第7章1節 p.107参照）。

　上記の例であげた「お腹がすいた」ということを，動機づけでは

119

飢えの「動因」といいます。動因というのは，人間の内部にある要因によって行動が引き起こされるもので，欲求や要求ともいいます。「飢え」と「お腹がすいた」は，厳密には意味が異なります。「飢え」の場合，食物の選択はなく，食べられるものであれば何でもよいということになります。他方，「お腹がすいた」場合は，何を食べるかという食物の選択をします。だから，厳密には「お腹がすいた」は動因とはいえないかもしれません。

　動機づけでは，動因という言葉とともに「誘因」という言葉があります。誘因とは外部からの要因によって行動が引き起こされるものです。誘因は環境の影響と関係するので，動因がそれほど強くなくても行動は引き起こされます。もう一度，食べることを例にあげましょう。十分に食物をとり，満腹になったときに美味しそうなデザートが出てきたとします。たいていの人は，空腹が満たされているにもかかわらず，「デザートは別腹」と食後にデザートを見せられると，「お腹いっぱい，食べられない」と言いながら，デザートを食べると思います。このように美味しそうなデザート（外部からの要因）は，誘因の1つです。

1.2　欲求段階説

　動機づけとは，何かを欲している状態を満足する状態になるように行動することです。人間は，1つの欲求不満状態になったと表面的には見えてもそこには複数の思い（欲求）が複雑に絡んでいます。また，1つの欲求不満状態が動機づけ行動によって満足状態になれば完全に満たされた状態になるかといえば，人間はそんなに単純な存在ではなく，新たな欲求が生じ，尽きることがありません。そのことが人間の発達に大きく影響しているともいえます。

　マズロー（Maslow, 1970/1987）は，人間の欲求を「低次の欲求（＝基本的欲求）」と「高次の欲求」に分けています。これは，欲求段階説として知られています。関心のある人は，マズローや欲求段階説をキーワードにして本やインターネットで調べてみましょう。

ここでは簡単に説明します。低次から順に，
「生理的欲求・安全の欲求」「所属と愛の欲
求」「承認の欲求・自己実現（＝独自性の欲
求）」となり，「自己実現」が最も高次の欲
求とされています。

Let's　Search!!

マズロー
欲求段階説

　生理的欲求は，極端に飢えている人がいると仮定した場合，その
人のユートピアは食べ物が豊富にあることになり，それ以上は何も
求めないということになります。極端な飢餓や乾きを感じさせるこ
とで，人間は生理的欲求以上の高次の欲求を求めなくなると述べて
います。

　安全の欲求とは，生理的欲求が満たされると次に安全，安定，依
存，保護，恐怖・不安・混乱からの自由，構造・秩序・法・制限を
求める欲求，保護の強固さなどを欲することです。たとえば，両親
が喧嘩したり，親のどちらかがもう片方の親に暴力を振るったり，
離別したり，離婚したりすることや，家族の死などは，子どもに
とって恐ろしいことといえます。また，親が子どもに向ける怒り，
罰を与えるぞという嚇し，そして，子どもの悪口を言ったり，厳し
く叱ったり，乱暴な対応をしたり，身体的罰を与えたりすること，
つまり，虐待は子どもに身体的苦痛だけでなく，パニックや恐怖を
引き起こします。そのような状態にある子どもは，愛情を失う恐怖
以上に絶対的安全や保護を求めて，憎んでいる両親にすがりついて
いるともいえるのです。

　所属と愛の欲求は，先の生理的欲求，安全の欲求が満たされると
生じてくる欲求です。近隣，一族，所属階級，遊び仲間，親しい同
僚などを求めるようになります。これが所属することへの欲求です。
集団での所属欲求は，その集団のメンバーに共通の敵を作ることで
も満たされるとされています。また，愛には3つの区別があるとい
われています。1つはフィリアといい，親子・兄弟・友人・夫婦な
どへの愛，2つ目はエロスといい，求め合う愛のことで自分が満た
されることを求める愛です。最後はアガペといい，無償の愛，与え

る愛のことです。たとえば，親が子どもに与える愛はアガペといえるかもしれません。ここでいう愛の欲求は，そのうちのエロスと関連があるもののようです。親密になりたいという欲求には，肉体的なものばかりではなく，心理的なものがあります。二人の秘密を共有すること，他人には理解できないような秘密の言葉，秘密の性的な言葉，二人だけが理解できる特別の冗談や身振りなどが作られます。これは愛する人とできるかぎり長い間，できるだけ多くの行動（仕事，遊び，知的探求など）をともにしたいという欲求です。

　承認の欲求とは，安定し，しっかりとした根拠を持つ自己に対する高い評価，自己尊厳，自尊心，他者からの承認などに対する欲求のことです。これは外からの名声とか，単なる噂などによる評価とは区別する必要があります。

　自己実現とは，自分に適していること，自分がなり得るものになることを求めることです。何歳くらいから自己実現の欲求が生じるかについて，マズローはモーツァルトを例にあげ，3歳くらいからと述べています。

　低次の欲求と高次の欲求の違いは，次のようなものとされています。生理的欲求，愛の欲求といった低次の欲求を満足させるものは，自己実現といった高次の欲求を満足させるものよりも実体的で観察しやすいものです。マズローは，高次の欲求と低次の欲求をともに満たした人は，通常，低次の欲求よりも高次の欲求に大きな価値を求めると述べています。この段階の人は，より高次の満足を求めて多くを犠牲にし，低次の欲求の剥奪に耐えることができます。具体的には，主義のために安全の欲求を捨て，危険に耐えることができます。自己実現のために金銭や名声をも捨てることができます。空腹を満たすという生理的欲求よりも承認の欲求（自尊心）により高く，より価値を認めることもできるのです。

　このように動機づけは，単純なものではなく，複雑なものといえます。先ほど，「お腹がすいた」というのは動因とはいえないかもしれないと述べました。動機づけでは，食欲は基本的欲求とか生理

的動機といわれます。食欲を**ホメオスタシス**から捉えると，身体に
ある化学成分が欠乏すると人間はその欠乏している成分を求めて特
定の食物に対する食欲あるいは部分的空腹を示すという捉え方がで
きます。それでは，先ほど述べたいわゆる「別腹」はどう解釈でき
るのでしょうか。マズローは，人間は複雑な生き物なので，さまざ
まな欲求と独立した存在になることができるが，ある欲求が他の欲
求の水路になっている場合もあると述べています。これを**水路づけ**
といいます。つまり，「お腹がすいた」と感じているからといって，
ホメオスタシスの点からタンパク質やビタミンを求めている場合ば
かりではなく，食べることによって慰めや依存を求めているかもし
れないのです。さらにこれは，摂食障害などと関係するかもしれま
せん。また，「お腹がすいた」ときに，水を飲んだり，タバコを
吸ったりという食物を食べる以外の別の行動によって空腹を癒やす
こともできます。生理的欲求には，飢餓以外に，性的願望がありま
す。動機づけから考えると性的満足を求めていると考えられます。
しかし，人によって求めるものは異なるかもしれません。ある人に
とって性的願望は自分自身の男らしさ，女らしさを確認する願望を
意味するでしょう。他の人にとっては，自分を印象づけたり，親密
性・友好性を求めたり，安全を求めたり，愛情を求めたり，それら
が組み合わさったりする願望が含まれていたりします。

　では，動機づけは学習にどのように影響するのでしょうか。次節
でそのことについてふれたいと思います。

2節　学習とは

　みなさんは，学習という言葉から何を連想するでしょうか。学校
での国語，算数，理科などの教科をイメージするでしょうか。心理
学では，もう少し広い意味になります。学習とは，「経験の結果，
生じる比較的永続的な行動の変容であり，疲労や飽きなどの一時的
変容は含めない」と定義されます。たとえば，日常生活習慣（清潔，
食事，あいさつ，就寝など）を身につけたり，読み・書き・計算な

どの方法，自転車の乗り方，泳ぎ方，料理の作り方などを知ったりすることです。

学習には2つの理論があります。「連合理論」と「認知理論」です。インターネットで「学習理論」と検索してみましょう。

2.1　連合理論

連合理論とは，外界の刺激（Stimuli: S）と，人や動物の反応（Response: R）につながりができることを学習と考えるもので，S－R理論とも呼ばれます。連合理論には，「パブロフ型条件づけ（古典的条件づけ／レスポンデント条件づけ）」「スキナー型条件づけ（道具的条件づけ／オペラント条件づけ）」「試行錯誤学習」の3つがあります。

(1) パブロフ型条件づけ（古典的条件づけ／レスポンデント条件づけ）

パブロフ（Pavlov, I. P.）は，ロシアの人で1904年にノーベル生理学・医学賞を受賞した生理学者です。人間を含め，動物は口の中に物が入ると唾液を分泌します。この場合の物（通常は食べ物）は無条件刺激（Unconditioned Stimulus: US）といいます。そして，唾液が分泌されることを無条件反応（Unconditioned Response: UR）といいます。パブロフは，イヌを使って，イヌに食べ物を与えるときに本来は関係のないベルを鳴らしました。このことを繰り返している（反復学習）と，イヌは食べ物がなくてもベルの音を聞くだけで唾液を分泌するようになります。この場合のベルは条件刺激（Conditioned Stimulus: CS），唾液分泌を条件反応（Conditioned Response: CR）といいます。条件刺激に対して条件反応が生じることをパブロフ型条件づけといいます。つまり，イヌはベルの音を聞くと，食べ物を食べられると学習しているので唾液を分泌するようになるのです（図8-1参照）。

パブロフ，古典的条件づけをインターネットで検索するとさらに

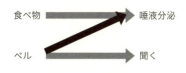

■図8-1 パブロフ型条件づけ

Let's Search!!

パブロフ
古典的条件づけ

情報を得ることができます。

(2) スキナー型条件づけ（道具的条件づけ／オペラント条件づけ）

　スキナー（Skinner, B. F.）はアメリカの心理学者です。彼は，レバーを押すと自動的に餌が出てくる仕掛けを施したラット（ネズミ）用の箱型実験装置（スキナー箱）を作り出しました。このスキナー箱にお腹のすいたラットを入れます。この場合，ラットは餌を求めて箱の中を動き回ります。そのうち，体のどこかが偶然レバーに触れると餌が出てきます。このような行動を繰り返すうちに，ラットは自発的にレバーを押す行動が増加していきます。このとき，ラットはレバーを押すと餌が出てくることを学習したといいます（図8-2参照）。ここでの餌のことを「強化子（オペラント行動の自発頻度を高めるもの）」といい，レバー押し行動は餌で強化されたと表現します。たとえば，自動販売機などで飲み物を買うことなどはスキナー型条件づけをされた行動といえます。もともと自動販売機と飲み物を手に入れることの間には，何も関連性がありません。

■図8-2 スキナー型条件づけ

しかし，私たちはこの行動を繰り返すことにより，自動販売機にお金を入れて，欲しい飲み物と関連するボタンを押せば，飲み物を手に入れられるということを学習するのです。この行動には，あとで述べるバンデューラ（Bandura, A.）のモデリングも関係しているかもしれません。人間の場合，学習も動機づけと同様，複雑なものとなっているのです。

スキナーやオペラント条件づけなどをインターネットで調べてみましょう。

Let's Search!!

スキナー
オペラント条件づけ

(3) 試行錯誤学習（trial and error learning）

　試行錯誤学習を提唱したソーンダイク（Thorndike, E. L.）もアメリカの心理学者であり，教育学者です。彼はネコがどのように学習するかを検討するために問題箱を作りました。ちなみにソーンダイクのほうがスキナーよりも先に問題箱を作りました。ソーンダイクはお腹のすいたネコを問題箱に入れます。そして，箱の外に餌を置き，扉は閉じておきます。箱に入れられたネコは，餌を手に入れるために箱の内部にあるいろいろなものを引っ掻くといった行動をしているうちに偶然，紐を引きます。すると扉が開き，ネコは外に出ることができ，結果として食べ物を食べることができます。この状況を何度も繰り返すうちに，ネコは箱の外に出るためには紐を引けばよいことを学習します。これを「試行錯誤学習」といいます。この場合，"紐"が刺激（Stimuli：S）で，"引く"は反応（Response：R）となります。このS－Rのつながりを，「結合の法則」といいます。また，結合の法則には，「効果の法則」というものがあります。効果の法則とは，ある刺激状況（S）下で，ある反応（R）を行い，それがもし満足（快）を伴えば，その刺激と反応の間の結合は強くなり，同様の刺激のもとで反応が起こる傾向は強くなります。一方，同じことが不満足（不快）を伴えば，刺激と反応の結合は弱くなり，同様の刺激のもとでの反応は起きなくなります。

　ソーンダイクや試行錯誤学習という用語をインターネットで検索

してみましょう。

Let's Search!!

ソーンダイク
試行錯誤学習

2.2　認知理論

　認知理論では，外界の刺激全体に対する
人や動物の認知の変化を学習と考えます。問題の全体的な構造を把握することを学習とし，一瞬でわかったとか問題解決の方法を発見することです。「S－S理論（Sign-Significate theory）」と呼ばれ，個人と環境との相互作用によって，行動が引き起こされ，行動の変容が起きるとする理論です。ちょっとわかりにくいでしょうか。たとえば，野球やバスケットボールなどをしていて，ホームランの打ち方やバスケットゴールにボールを入れる方法が一瞬で掴めることがあったり，算数の計算方法がある日突然わかったりしたことはなかったでしょうか。この"わかった"瞬間，認知がそれまでと異なってきます。このことを認知理論による学習といいます。

　認知理論には，「洞察学習（insight learning）」「サイン・ゲシュタルト学習（sign gestalt learning）」「場の理論（field theory）」があります。

（1）洞察学習

　洞察学習を提唱したケーラー（Köhler, W.）は，ドイツの心理学者です。彼は，学習というのはソーンダイクがいったように試行錯誤的に行われるのではなく，洞察によって，つまり，突然，解決方法がわかることで生じると主張しました。ケーラーは，学習者は洞察力によって，問題場面を構成している要素間の関係をみて関係が把握されると即座に正解に至ること，場面の構造を洞察することにより問題解決学習が成立すると述べています。ケーラーが行ったチンパンジーの実験を紹介しておきましょう。

　彼は，チンパンジーを檻の中に入れ，檻の上で手が届かないところにバナナを置きました。最初，チンパンジーは手を伸ばしてバナナを取ろうとしますが取れません。突然チンパンジーは，檻の中に

あった棒を使ってバナナを引き寄せ，バナナを食べることができるようになりました。

これはチンパンジーの中で，棒をバナナを引き寄せる道具として見なす，という認知の変化が起こったからだと考えます。

(2) サイン・ゲシュタルト学習

サイン・ゲシュタルト学習を提唱したトールマン（Tolman, E. C.）はアメリカの心理学者です。「サイン・ゲシュタルト」とは，環境の手がかりと生活体の期待との間の関係からなる認知過程をさします。環境は知覚的**ゲシュタルトの法則**に従うばかりではなく，環境内の刺激対象は目的に対するサインとなり，目的＝手段の関係となるといったより広いゲシュタルトに含まれます。認知地図もサイン・ゲシュタルトによって成り立ちます。

白と黒の色に塗った2つのドアのある箱にネズミを入れ，白いドアを押したときだけドアが開いて餌が得られるようにすると，ネズミは白いドアだけを開けるようになります。このように目標とそれを導く手段との関係の認知が学習を仲介すると考え，学習は刺激がサインとしてどのような意味を持つのかを認知することです。たとえば，上手にプレゼンテーションするために，他の人のやり方を見たり，聞いたり，参考になる本を読んだりして，目標とする結果を得るためにどうすればよいかという知識を得たりします。このようにさまざまな方法が認知（▶第6章1節 p.95 参照）になります。

(3) 場の理論

場の理論は，ドイツ生まれの心理学者レヴィン（Lewin, K. Z.）によって提唱されました。ユダヤ人であった彼は第二次世界大戦のときにアメリカに亡命しました。場の理論とは，人間は遺伝・気質・性格などの個人の特性だけでなく，その人が置かれた"場"に影響を受けて行動するという考えです。レヴィンは行動の基本原則を，

「B = f（P・E）」

{B：行動（behavior），P：人格（personality），E：環境（environment）}

という式で表し，行動は人格（▶第 10 章 2 節 p.160 参照）と環境の関数であるとし，学習を全体論的に捉えようとしました。例として，以下の話を読んでみてください。下記は，ゲシュタルト心理学者の一人であるコフカ（Koffka, K）の雪をかぶった湖の上を歩く旅人のたとえです。関心のある人は，コフカ，ゲシュタルト心理学，環境心理学をインターネット検索してみましょう。

> Let's Search!!
>
> コフカ
> ゲシュタルト心理学
> 環境心理学 🔍

　　昔，ある旅人が，冬に北の地方で雪と氷で覆われた平らな場所を歩いていました。夕方になり，辺りが暗くなってきたので早くどこかの宿に着きたいと思っていたところ，ちょうど真正面に明かりが見えました。彼はあそこまで行けば村があると考え，まっすぐにその明かりを目指して必死に歩きました。やっとの思いでその明かりにたどり着き，宿を見つけ，一泊させてほしいと宿の主人に言いました。その主人は，「この寒さの中でさぞ大変だったでしょう。お客さんはどこから来たのですか」と彼に尋ねました。彼は宿までの道程を話しました。するとその主人は顔色を変え，「よく無事でしたね」と言いました。彼が主人に理由を尋ねると，彼が地面の上に雪が積もっていると思っていたところは実は大きな湖で，村人は氷が割れる危険があるためそこは通らないと宿の主人は話したのです。つまり，彼が地面だと認知していたところは湖だったのです。もし，彼がそこは湖だと知っていれば平気で渡ったでしょうか。

3 節　動機づけ・学習と発達

3.1　動機づけ理論と学習理論への反論

　ここまで動機づけと学習について，その意味や理論を説明してき

ました。どの考えにも共通していえることですが，たとえば，ある理論を提唱したとき，それに反対する意見が出てきます。そのことで人間の考えは深まり，新しい地平が開かれると筆者は思います。今からそのことにふれていきます。

　動機づけや欲求について，先に述べたマズローは，学習と行動の関係について，典型的な対処行動，たとえば，物の作り方，自転車の乗り方，衣服の着方などは学習によるものであり，そこには動機・欲求・目的・機能・意図などが関わり，報酬を受けないと消失する傾向があると述べています。それに対して，典型的な表出行動，たとえば，どうにもならないと感じたり，健康そうに見えたり，愚かな行動をとったり，怒りをあらわしたりする方法は学習によるものではない，すなわち動機づけられた行動ではなく，報酬や強化がなくても持続すると述べています。みなさんは，このマズローが述べていることをどう考えますか。マズロー自身は，動機づけの最後のところで紹介したように，人間は動機・欲求があったからそれを直接的行動に出すということではなく，行動には複雑な要因が複数絡み合っているので単純に説明できないと述べています。あとで異なる考えを紹介します。

　また，学習のところで述べたスキナー型条件づけに対しては，次に紹介するローレンツ，デシ，バンデューラらの反論があります。

　インプリンティング（刷り込み現象）（臨界期 ▶第3章「用語の説明」参照）は，ローレンツ（Lorenz, K. Z.）というオーストリアの動物行動学者が発見した現象です。このインプリンティングは，いかなる条件づけもなく，きわめて強固に学習が行われるとローレンツは言いました。「感受性」（▶第3章2節 p.47 参照）のところで述べましたが，インプリンティングには学習という環境要因だけではなく，遺伝的要因が関わっていると思われます。

　デシ（Deci, E. L.）はアメリカの社会心理学者です。彼による内発的動機づけの研究は，外部からの報酬や罰を随伴させなくても行動が動機づけられることを明らかにし，外から与えられる動機づけ

は創造性や責任感といった点で内発的動機づけに劣ることを実証し，「自己決定理論（self-determination theory）」を提唱しました（Ryan & Deci, 2000）。内発的動機づけとは，学習活動それ自体によって動機づけられるもので，「興味や関心」「向上心」「達成感」などのことをさします。逆に外発的動機づけとは，行動それ自体と関係ない外部の事柄が動機となるもので，うまく行うと褒められるとか，欲しいものをもらえるとか，失敗したら叱られるといった報酬や賞罰などをさします。デシは社会的な環境の中で人間が学習するとき，「有能性（competence）」「自律性（autonomy）」「関係性（relatedness）」の 3 つは，内発的動機づけと外発的動機づけの両方に関係するので，これらをうまく引き出すような方法で学習させるような方法を学校でとることが必要だと述べています。

　バンデューラ（Bandura, A.）は，カナダの心理学者です。彼は，他者を観察し模倣して学習するモデリングについての「社会的学習理論（social learning theory）」，さらに，「社会認知理論（social cognitive theory）」を提唱しました。社会認知理論とは，人間の認知的，代理的，自己調整的，自己内省的要因が，人間の適応と変容の過程において大切な役割を担うという考えです。

　以上をまとめると，発達要因に関する理論（▶第 4 章 1 節 p.59 参照）の変遷と同様，動機づけが大きく 2 種類，「外発的動機づけ」と「内発的動機づけ」に分かれ，どちらが人間の行動に影響を与えるかと議論されてきた流れがあるようです。しかし，1980 年代からは，人間の学習には両方の動機づけが必要であるという考えに至っています。やはり，何事もアリストテレスの言うように，バランス，中庸が大切ということです。

3.2　学習へと導くものは何でしょうか

　人間を学習へと導くものは何かを考えてみましょう。これが本章での課題です。そのような課題に興味や関心はないという人もいるでしょうね。その人はなぜ，関心がないのでしょうか。「だって，

興味ないし，面白くない」と言うかもしれません。そうです。この面白くないというのは内発的動機づけがないということです。ですが，その人はこの課題に関心がなくて面白くないのでしょうか。それとも，そんなこと考えても意味がないというように捉えており（▶第9章2節 p.143参照），そのために面白さを感じないのでしょうか。どうやらそこに違いがありそうです。

　動機づけを発達的に見てみましょう。第3章2節で発達段階を取り上げました。幼児期は自律性を身につける段階です。子どもは親から基本的生活習慣をしつけられます。ここでは，正しいことをすると子どもにとって大切な存在である親から褒められ（外発的動機づけ），そのことが快の気分（▶第10章1節参照）を引き出します。間違ったことをすると親から叱られ（外発的動機づけ），そのことは不快な気分（▶第10章1節 p.155参照）を引き出します。前者は，学習の連合理論の効果の法則に基づけば，その行動は強められ（強化），後者の行動は弱められる（消去）ことになります。

　児童期は，小学校で勉強することが子どもの生活の中心となります。この時期に勤勉性を身につけることが発達課題です。この時期の子どもが勉強するのに，やはり，外発的動機づけと内発的動機づけが関与しているといえます。良い成績をとれば，親が褒めてくれるとか，自分が欲しいと言っていたゲームソフトを買ってくれると言ったという場合は，もうおわかりですね。外発的動機づけに基づいて勉強しているということになります。それに対して，授業内容そのものに関心を持ち，自ら問題を考えたり，解いたり，図書館やインターネットで調べたりする場合もあります。これは内発的動機づけといえるでしょう。連合理論に基づけば，前者の場合は褒められたり何かを買ってもらえるといった報酬が得られなくなったり，良い成績がとれずに叱られたりすると，勉強する意欲が下がったり，なくなったりするでしょう。後者の場合は，新しいことを知ることそのものが，いわゆる報酬になるので，褒められたり，叱られたりすることは勉強することにあまり関与しないでしょう。そのような

ことに関係する言葉としては，「**学習性無力感**」や「**自己効力感**」「**ア
ンダーマイニング効果**」などがあります。章末の用語の説明のとこ
ろに掲載していますので，興味や関心のある人は見てください。

　では，成人の場合はどうでしょうか。日本は超高齢社会を迎え，
65 歳以上の人口比率が高くなっています（▶第 3 章 1 節 p.44 参照）。その
中で生涯学習という言葉通り，多くの市町村で，成人向けの講座
（大学や自治体が実施する公開講座，放送大学など）がたくさんあ
ります。このような講座を長年にわたって受講し続けている人がい
ます（藤岡，2008）。この人たちの受講動機は，「ものの見方，考え
方が深まった」「高度の学問的知識が学べた」「未知の事柄に目を開
かれた」「客観的・批判的な見方を学んだ」など，講座がもたらす
認知的側面に積極的意味を見いだしています。これは内発的動機づ
けによるものといえます。成人の場合，単位をとらなければとか，
卒業しなければなどの環境からの圧力は少ないので，本当に自分が
求めるものに積極的に関わりやすいのでしょう。

　みなさんは，どのような動機づけに基づいて，今，この本を読ん
でいるかを考えてみましょう。

課題

◆◆ 問題提起 ◆◆
　自閉症スペクトラム障害児（▶第 12 章 1 節 p.190 参照）は，共同注意
（▶第 11 章 2 節 p.179 参照）を学習することができるでしょうか。

◆◆ 仮説 ◆◆
　自閉症スペクトラム障害児に，共同注意を学習させることは困難で
あると仮説します。

◆◆ 実証 ◆◆
　共同注意というのは，他者が注目している対象を特定するためにそ
の人と同じ方向を見ることです。自閉症スペクトラム障害児は，基本

的に連合学習（着衣行動を身につける，自傷行為などの不適応行動の低減等）で，さまざまな行動を身につけることができます。しかし，共同注意は社会的学習の一種であり，少しあいまいな状況下で行われます。自閉症スペクトラム障害児は，このような不完全な状況依存的社会的相互作用を学習することが困難であるといわれています。

◆◆ 結　論 ◆◆

　　したがって，自閉症スペクトラム障害児に共同注意を学習させることは困難です。

用語の説明

ホメオスタシス：ここでは，血液循環に関して，一定した正常な状態を維持する身体の自動調節的機能の意味です。

水路づけ（canalization）：特定の欲求または動因を満足させるいくつかの手段のうちから1つが偏好されること。たとえば，食欲はいろいろな食物で満足されますが，ある種の食物を特に好むようになる過程のことです。

ゲシュタルトの法則：ゲシュタルト心理学の立場から，図形要素の視覚的体制化に関して「個々の要素が組み合わさることによって全体（ゲシュタルト）が体制化される」として「近接の法則（principle of proximity）」「類同の法則（principle of similarity）」「共通運命の法則（principle of common fate）」「良い連続の法則

（principle of good continuation）」「閉合の法則（principle of closure）」「面積法則（principle of area）」「対称性の法則（principle of symmetry）」などが提唱されました。

学習性無力感：セリグマン（Seligman, E. P.）とメイヤー（Maier, S. F.）が，イヌを使った実験で見いだしたことです。何をやっても無駄だ，何事に対しても成功の期待を持てないと思うこと。また，自分の行動と結果，つまり，それによって得られるものは無関係であると認知するようになることです。

自己効力感：バンデューラ（Bandura, A.）が提唱したもので，人間が行動を起こす前に，その行動がうまくできるかどうか，どのような結果を生むかを見積もり（効力予測），うまくできそうであれ

ば（結果予測），行動を起こす，といった期待を持てる状態のことです。

アンダーマイニング効果：デシ（Deci, E. L.）が提唱したもので，何らかの課題（デシの場合はパズル解き）を行うときに金銭などの外的報酬が与えられると，課題を実施する意欲が低下することをいいます。なお，褒めるなど言葉での外的報酬では，課題を実施する意欲は低下しません。つまり，自分が環境に働きかけられる存在だと感じたときにはコンピテンス（competence：有能感）を感じ，意欲が低下しないのです。

第9章

言語・思考・知能の発達

本章の目的

　あなたは，日常生活の中で話したり，考えたりしますね。この章では，人間は言葉をどのように身につけるのか，思考，すなわち，考える場合に言葉はどのように影響しているのかについて検討します。そして，知能は言葉や思考とどのように関係しているのか，どのように発達していくのかを考えていきます。

1節　言葉とは

1.1　話すために必要な要因

　人間が話すためにはどのようなことが必要でしょうか。これについては，2つの成熟が必要だといわれています。1つは「聴覚機能の成熟」，つまり，耳から音が聞こえていることです。もう1つは「発声発語器官の発達」，すなわち，口とその周り，舌，喉などの筋肉の成熟です。

1.2　言葉の獲得要因

　言葉の獲得にも「遺伝的（生得的）要因」と「環境的要因」（▶第4章1節 p.59参照）の2要因からみていく考え方があります。

　人間の脳には生得的に言葉を獲得する部位があり，言葉の学習を促進する過程が備わっています。というのは，どの文化に生まれようとも言葉の発達は同じ道筋をたどるからです。これを，遺伝的（生得的）要因による言葉の獲得と考えます。

　もう1つは，環境的要因，つまり学習（▶第8章2節 p.123参照）に基

づく考え方で，言葉の獲得には，条件づけ，強化，模倣が関与しているというものです。たとえば，「マ〜マ〜……」と音を発したときに養育者が微笑んでくれたことを何度も経験し（条件づけ），養育者が「そうだよね。ママだね〜」と同時に言われることが続き（強化），そこから母親をはじめとする養育者の言葉を真似る（模倣する）ことです。

1.3　発語と理解語の発達

　発語，言葉を話すことは乳幼児期に年齢とともに進みます。生後3か月くらいに喃語（なんご）が出始めます。喃語は生理的成熟によるものなので，聴覚に障害，つまり，音が聞こえにくくても発します。

　1歳代（一単語の時期）になると初語といって，意味のある言葉（例：マンマ）を発し始めます。ここで重要なことは，子どもが生活している環境で話されている言葉のようなものを言い始めるということです。1歳児はすでに多くのものに関する概念を持っており，彼らは大人が使う言葉の上にこれらの概念をマッピング（地図化）していきます。話すことを始めるときに理解できている単語は15〜20単語，発する単語が10単語くらいになります。つまり，理解語が20語くらいになると話し始めるというわけです。1歳代から2歳代にかけて人間（ママ，パパなど），動物（ワンワン，ニャンニャンなど），乗り物（クルマ，バスなど），玩具（ボール，ブロックなど），食べ物（ジュース，マンマなど），身体の部位（目，口など），身の回りのもの（靴，スプーンなど）に関する語を話し始めます。日本語環境にいる6〜8か月児は「L」と「R」を聞き分けることができますが，10〜12か月になると区別できなくなります（Kuhl et al., 2006）。生得的な音韻的特性に関する神経結合は，誕生1年間で発達的変化が生じ，母語の音韻的特性が優位になると考えられます。つまり，これには環境的要因 （▶第4章1節 p.59 参照）が関与しているのでしょう。

　1〜2歳にかけては，**オノマトペ**を使用することが多くなります。

たとえば，先ほどのワンワンは犬のことをさすオノマトペであり，靴のことを「クック」と言ったりします。

　1歳半前後は「2語文の時期」にあたります。これまで1単語ずつ使用していた単語を組み合わせて話すようになります。たとえば，「ママ，こっち」「ワンワン，きた」のような2語文を頻発するようになります。これは，それまでに獲得した表象（▶第6章「用語の説明」参照）と表象を結びつけることや文法能力が獲得され始めた証拠です。

　2歳前後になると「第1期語獲得期」に入り，「これなに？」と身近なものの名前を盛んに尋ね，語彙が飛躍的に増大します。この時期の特徴は象徴機能（▶第6章「用語の説明」参照）の成立であり，これは語彙の増加と大きく関連しています。1歳前後で獲得され始めた表象が目の前にある刺激や対象に依存していたのに対して，2歳前後になると目の前にあるものと完全に分離したとは言えないまでも，表象としての自立性が高まってきます。イメージ（▶本章2節 p.147参照）したものを道具や動作だけではなく，言葉でも表現できるようになることで語彙はますます獲得されていきます。

　3歳前後になると「文章構成期」を迎え，「そして」「だから」などの接続詞を使って文と文をつなぎ，ひとまとまりの話をしようとするようになります。たとえば，「A子ちゃんは人形で遊ぶ。そして，わたしはブロックで遊ぶ」という具合です。さらに，親に対する要求が多くを占めていた時期から双方向的な言葉の会話ができるようになります。これは，2歳代になると親の指示を拒否したり，親が手助けしようしたりしても自分1人でしようとするといった行動が増える第一反抗期（▶第3章「用語の説明」参照）を経て3歳頃から自我がはっきりしてくること，他者の存在を意識できるようになることが影響しています。そのため，3歳代では自分の気持ちを述べたり，要求したり，質問したりできるようになり，言葉の発達は「一応の完成期」を迎えます。

　4歳以降になると「多弁期」といい，よく話すようになり，複文も話すようになります。5歳代になると母語をほとんど獲得するよ

うになります。

　もし，生まれてからまったく言葉がない環境で育てば，人間は言葉を話せるようにならないのでしょうか。それとも言葉の環境は関係なく話せるようになるのでしょうか。これに関しては，言葉の習得が可能な時期は 14 〜 17 歳くらいまでという報告があります。極端な事例に，アメリカで異常な両親に育てられたジーニーの例があります*。13 歳で救出されるまで，暗闇で音も言葉も聞くことなく育ったジーニーは，その後の手厚い教育努力にもかかわらず言葉を完全に習得できませんでした。同様の事例に，6 歳で救出された子どもは 2 年で言葉を完全に習得したという報告があり，ここから言葉に関わる脳の発達には「臨界期（感受性期）」（▶第3章2節 p.47 参照）があるといわれ，さらに研究が続けられています。

1.4　読み書きの発達

　話すことができるようになるのは，読み書きができるようになることとどのように関係するのでしょうか。考えてみると不思議なことです。話している言葉が文字と関係があることに気づくのは，絵本，童話，図鑑などを大人から読み聞かせられるからでしょう。

　読みの能力の習得にとって文字が読めるようになることは必要条件といえます。幼児の場合，それぞれの文字を音韻的に符号化することができても，それを全体として有意味な言葉としては理解できない場合がしばしばあります（高橋，1993）。たとえば，「おつきさま」という文字があった場合，「お」−「つ」−「き」−「さ」−「ま」とそれぞれの文字を音で言えたあと，「お・つ・き・さ・ま」→「ああ，おつきさまだ」となれば，文字を全体として 1 つの有意味語として理解できた（ゲシュタルト▶第8章「用語の説明」参照），つまり，読めたことになります。また，単語や文章を読むためには「ワーキングメモリ（作動記憶）」（▶第7章2節 p.110 参照）が関係します。つまり，

---

* 　ジーニー（2016 更新）　https://ja.wikipedia.org/wiki/ ジーニー（2016/09/11 検索）

読むということは次々とワーキングメモリ内に蓄積され，意味的に符号化された情報が表象として生成されることを示します。表象が生成されることでワーキングメモリ内のその情報は消去され，次の情報が入力されるということを繰り返すことになります。たとえば，「今日は良いお天気です」という文があった場合，「き・ょ・う・は」がワーキングメモリ内に蓄積され，「きょうは→今日は」と理解できれば，その語はワーキングメモリから消去され，次に「よ・い」が「よい→良い」が蓄積，消去と順に続いていき，「今日は良いお天気です」と理解できるということです。

　書く能力には，「単語を構成する音韻（文字の読み）と文字の対応」と「音韻に対応する視覚的形態としての文字を書く」という 2 つの能力が関係します（崎原，1998）。文字を書く能力の発達についていうと，4 歳までの子どもは文字を書くことに興味や関心を示さなかったり，書くことに取り組んでも見本の通りに書けなかったりします。6 歳前半で 8 割くらいの子どもが正しく書けるようになります（平居・飯高，1988）。正しく書けないのは，認知（▶第 6 章 3 節 p.99 参照）が関連しています。大人の場合には，形を捉えるときに“良い連続”とか“閉合”といった「ゲシュタルトの法則」（Spoehr & Lehmkuhle, 1982/1986）（▶第 8 章「用語の説明」参照）が働きますが，幼児の場合は大人と同じ捉え方をしない（北原，1989）ので，文字を大人と同じように認知できないのです。

1.5　読み書きの効用

　本を読んだり，文章を書いたりといった習慣がある人は，生涯にわたりそのようなことを経験してこなかった人に比べ，記憶力の低下が 15％程度抑えられていたという報告があります（Wilson et al., 2013）。つまり，子どもの頃からの本を読んだり，文章を書いたりという脳への刺激は，歳を重ねてからの脳の健康に大きな影響を与えるということになります。

　読む力は，個人の読書経験によって異なります。70 歳くらいま

では加齢による黙読能力の低下はほとんど認められないという報告があり，年齢よりも日頃の経験が決め手となるようです（伏見，2005）。

1.6　絵本の読み聞かせ方

絵本の読み聞かせ方には大きく2つの方法があります。1つは日本の保育所・園や幼稚園で行われている絵本の読み方です。どのような方法かというと，表紙から裏表紙までを大切に1つのものとして扱い，大人が情緒豊かに読んでいく方法です。この場合は，読み聞かせの途中で「これ何？」などと聞き手である子どもに尋ねることはありませんし，読み終わってからも「この絵本の太郎くんはどうなったかな？」などと尋ねることもありません。めでたしめでたしのハッピーエンドの内容であっても悲しい内容であっても，余韻を大切に扱います。

もう1つの絵本の読み聞かせの方法は，ホワイトハースト（Whitehurst, G. J.）らが行っている「ダイアロジックリーディング」という読み聞かせ法です。これは大人が聞き手である子どもに絵本の登場人物などについて簡単な質問（「これ何？」「これは何色？」など）やオープンエンドな質問（「これはどこに行くのかな？」「太郎くんは誰と一緒なのかな？」など）をしたり，子どもの発話にフィードバックを与えたり（「そうだね。鬼ヶ島に行くんだね」「そうだね。サルさんと一緒だね」など）することで子どもの発話や大人との会話を増やし，言葉の発達を促すという方法です（Whitehurst et al., 1988）。

前者の読み聞かせ法は，大脳辺縁系に働きかけ，感情（▶第10章1節 p.155 参照）を育て，行動を制御できるようにする役割があるといわれています（泰羅，2009）。また，後者の読み聞かせ法は言葉の発達を促す方法です。この2つの絵本の読み聞かせは，目的が異なっており，このように目的に応じて絵本の読み聞かせ方法を変える必要があります。

1.7　言葉による対話

　第 1 章ではアクティブラーニングについて説明しました。対話については第 11 章（▶ 1 節 p.173 参照）で「コミュニケーション」として説明しています。対話に関して，アクティブラーニングでは「多声的な対話」を用います。教師である大人は，多声的な対話を組織することで児童・生徒である学習者自身が意味を構築していく過程を支援していきます（久保田，2003）。多声的対話を促すためには，

　　①間違ってもよいことを伝えること。
　　②インターネット，図書館，あるいは関係者・関係機関へのインタビューなどの探索を勧めること。
　　③学習者相互のやりとりを促すこと。
　　④学習者同士のやりとりの結果を発表してもらい，その内容や発表の仕方について教師が意見を述べること。

などのような支援を行うことで学習者の中にある学ぶ意欲を引き出し，学習者は知識を身につけることができるのです。

2 節　思考
2.1　思考とは

　みなさんは，思考や考えるということはどういうことだと思いますか。認知（▶第 6 章 3 節 p.102 参照）のところで子どもの思考の特徴としてアニミズムなどの説明をしました。みなさん自身は，「私はなぜ，あの人が好きなのだろうか」とか「どうして人は好きなことばかりするのか」などの課題を解決しようと考えることがあるでしょう。子どものとき，教師など外部の存在から刺激として問題を与えられて解決する場合もあれば，「動機づけ」（▶第 8 章 3 節 p.119 参照）のところで述べたように内発的動機づけによって自発的に不思議に思い，その問題を解決する方法を考えることもあるでしょう。たとえば，美味しいケーキを作るためにはどうすればよいのかと考え，お

菓子作りの本やインターネットで調べ，材料を揃えたり，材料を量ったりすることがあるでしょう。そのような場合，考えることは楽しく，時間を忘れて取り組むこともあるでしょう。

思考も複雑な過程で，「言葉」（▶本章1節p.137参照），「感覚・知覚・認知」（▶第6章1節p.93参照），「記憶」（▶第7章2節p.110参照），「感情」（▶第10章1節p.155参照）などが関与します（中島ら，1994）。

2.2　思考の種類

思考には大きく2つの種類があります（安西，1985）。1つは「命題思考」といわれるもので，文の流れに相当し，自分の心に聞くように考えます（詳しくは，あとで説明します）。もう1つはイメージ思考とよばれるもので，イメージを使用し自分の心を見ることです。19世紀当時，思考を含むすべての精神活動はイメージの操作によって行われるという立場をとっていました。そこに「**内観**」という方法がキュルペ（Külpe, O.）らによって開発され，イメージを伴わない思考があると彼らは述べました。その後，内観の内容は客観的かどうかが議論されました。そこに登場したのがパブロフ（Pavlov, I. P.）（▶第8章2節p.124参照）です。彼の古典的条件づけは，餌とベルの音という物理的な刺激が生体にどのような反応を生じさせるかという観察できるデータだけに基づく研究法でした。このように，その後は直接観察できるデータだけから人間の行動を理解しようとする行動主義の研究法が始まりました。その流れの中で，試行錯誤学習や洞察学習などが提唱されました。

1980年代以降，それまで客観性がないとされ排除されてきた，直接観察できない心理的プロセス（過程）も含めて，人間の思考が研究されるようになりました。

(1) 命題思考（propositional thought）

命題とは，たとえば，「リンゴは植物である」などです。この「リンゴ」と「植物」がどのように結びつくかを理解するために概

念（＝同類のものに共通している特徴）を理解する必要があります。
概念は分類化することができます。たとえば，先ほどのリンゴは，
「赤，黄，緑などの色をしていて，丸い形をしていて，種があって，
果物で，食べると美味しいなどといった特徴があります」というも
のです。

（2）推論

推論には2つの方法があります。1つは「演繹的推論（deductive
reasoning）」で，もう1つは「帰納的推論（inductive reasoning）」
です。

演繹的推論は，前提が真ならば結論が偽となることはあり得ない
というものです。たとえば，「すべての人間は生物である（前提は
真）」，「すべての生物は死ぬ（前提は真）」，よって「すべての人間
は死ぬ（結論）」という三段論法は，2つの前提と1つの結論とな
ります。これは論理的に正しい推論になります。科学的証明として
使われるものです。

帰納的推論とは，経験的事実を調べ，そこに何らかの一般的な原
理が当てはまっているかどうかを判断することです。たとえば，
「Aさんは大学で会計の資格を取得した（事実は真）」，「今Aさん
は会計事務所で働いている（事実は真）」，だから，「Aさんは会計
士である（結論）」という結論の推論は正しいとはいえないことに
なります。もしかしたら，会計事務所で一般事務の仕事をしている
かもしれません。

このような推論について，私たちはしばしば「経験則・発見的方
法（ヒューリスティックス：heuristics）」といわれる方法を用いる
ことがあります。すなわち，正しい結果が得られると経験的にわ
かっているような問題解決の手続きに従って推論するのです。これ
は認知バイアスともいわれます。たとえば，「B子さんは31歳，独
身で率直で，非常に明るい人です。彼女は哲学を専攻しました。学
生として彼女は差別と社会正義の問題に深く憂慮し，抗議デモに参

加しました」という文章が提示された場合，「B子さんは銀行の出納係です」という選択肢と「B子さんは銀行の出納係で女性解放運動に積極的です」という選択肢のうち，どちらを選択する可能性が高いかというと後者を選択する可能性のほうが高いです。そして，基本規則を無視し，個別の事例を一般化し，「女性の銀行の出納係は女性解放運動に積極的」と2つの事象を結合（結合法則：conjunction rule）し，類似性の経験則（similarity heuristic）を使用することが多くなります。

(3) 問題解決

　私たちは問題を解決するとき，目的を解決するために努力します。その際，問題を解決するために必要ないくつかの特徴があります（安西，1985；中島ら，1994；森ら，2011）。まずは，目的に到達するために都合よく自律的に働いてくれる記憶 (▶第7章2節 p.110 参照) やイメージ (▶本章2節 p.147 参照) を私たちが持っていることです。

　第二に，私たちは“原因－結果”の関係，“手段－目標”の関係によって物事を理解する能力を持っていることです。これは次のように説明できます。まず，問題が解決されたときに到達する目標状態と問題解決を始める前の初期状態とを比較します。この両者の間に下位目標を設定します。このことを「ハノイの塔の問題」を例にして説明しましょう。図9-1の上の構図を矢印下の構図にすることが課題です。Aの一番下のペグをCに移すことを下位目標として設定します。この下位目標を達成するためにはAの2番目のペグを動かさなければなりませんが，2番目のペグもすぐには動かせません。そこで，これもまた下位目標となります。2番目のペグを動かすときに問題になるのは一番上のペグです。これを移動させることを次の下位目標にします。この下位目標を達成するため，Aの一番上のペグをCに移します。あとは，このような処理を続けると最終目標を達成することができるのです。

　第三は，問題を適切に表現できる能力です。問題の中に自分が含

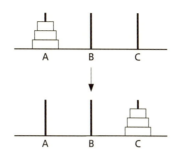

■図 9-1　ハノイの塔*

まれる場合，問題を解決しようとする中で自分をその問題の一部として表現できることが大切なことになります。「自分はどんな人間か」ということは理解しにくいことです。なぜならば，「自分」は時々刻々と変化しますし，社会的環境に応じていろいろな側面があるからです。

　第四は，自分で問題解決することを通して，その経験の中から自分の目的を果たすために都合の良い形で新しい知識を身につけ，さらにその知識に基づいて新しい問題に立ち向かうことによって，より広く深い知識に変化させていくことです。

(4) イメージ思考

　本章のはじめに述べましたが，最初はイメージを使って考えると思われていたので，思考におけるイメージは大きな役割を果たしています。言葉以外のもので思考する場合もあります。たとえば，画家はイメージをもとに絵を描き，音楽家は自分の心の中に響く音に基づいて作曲し，数学者は記号や数式を操作して抽象的概念や非言語概念を生み出します。

---

*　ハノイの塔　第 1 回いろいろありますけど（講義編）（2005/07 更新）
　http://blog.goo.ne.jp/kyang/images（2017/10/20 検索）

1つずつ次から次へと順序づけて考える直列処理の論理的思考に比べ，イメージ思考は種類の異なることを同時に考える並列処理を行います*。イメージ思考は「心像思考」ともいいます。言語を必要としないということは，論理で考えるのではなくて，パターン，色，形，音，匂い，全体のつりあい，事象の移り変わり，その速度，全体から受ける漠然とした感触というようなものを手がかりとして考えます。

　太古の人類は直観像能力（対象物が消え去ったあとでも，恣意的にこれを鮮明に再生することができる能力）を持っていて，前に見た景色を自由自在に反復して呼び出して見る能力を備えていたといいます。そこで，自分の島，星の位置，波の立ち方，鳥の飛び方との関係など，ありとあらゆる自然の事象を組み合わせてこれを記憶し，航海したと考えられています。人間が言葉を得，高度にそれを発達させて自由自在に使いこなすようになり，思考とコミュニケーションはすっかり言葉に頼るようになってしまい，非言語コミュニケーション能力は衰えつつあるのかもしれません（▶第11章1節 p.175参照）。

　本章のはじめに，2歳前後になるとイメージしたものを道具や動作だけではなく，言葉でも表現できるようになると述べました。2歳前後の幼児は，イメージ思考から論理的思考になる切り替え期にあるのかもしれません。

（5）創造的思考

　創造性とは何でしょうか。クリエーション（creation）とかクリエイティビティ（creativity）という言葉を聞くことがあると思います。創造性とは，「新規性」「独自性」「有効性」のある成果を生み出す能力の3つが満たされることという見方があります。

　創造的思考（義村，2014）には2つの思考方法があるといわれて

---

*　青柳武彦（2014/07/08 更新）　将棋とイメージ思考
　http://www.glocom.ac.jp/project/chijo/2002_12/2002_12_24.html（2016/09/22 検索）

います。1つは課題を解決するために独自のアイディアを数多く生み出す「拡散的思考（divergent thinking)」であり，もう1つは，多くのアイディアの中から課題解決に役立つものを選び出す「収束的／集中的思考（convergent thinking)」です。拡散的思考タイプの創造性は，既成概念にとらわれずにバラエティに富んだアイディアを出すことです。たとえば，町興しをする方策などです。収束的／集中的思考タイプの創造性は，課題に即してアイディアを実現可能な状態に変化させることです。たとえば，たくさん出された町興しの方策からベストのものを選び出したり，いくつかのアイディアを組み合わせたりして実現可能な計画にまとめあげることをいいます。

これまで「創造的思考過程（準備期，孵化（あたため）期，ひらめき期，検証期)」や「創造性に関連する要因（認知的スタイル，パーソナリティ要因，動機づけ，社会的影響，文脈的影響など)」などに関する研究が行われてきました。現在は研究開発（research and development）はもちろん，教育機関，企業組織などでの人的資源管理における創造的思考についての研究が行われています。

3 節　知能

みなさんは知能とはどのようなものだと思いますか。また，どのような定義ができると思いますか。たとえば，知能が高いこととは，頭が良いというような意味だと思いますか。それでは，頭が良いとはどのような状態をいうのでしょうか。学校で成績は1番である状態でしょうか。世界で有名になることでしょうか。お金をたくさん稼ぐ人でしょうか。このように考えると知能って何なのだろうと不思議になりますね。知能については，今も論争が繰り広げられています。「知能とは知能検査で測定したものに対するラベルにすぎない」という考え，「知能は経験から学習し（▶第1章2節 p.12 参照)，環境を効果的に処理する能力だ」という考えなどがあります。それらは知能の定義とか知能観などといわれています。

3.1　知能の定義

　知能の定義としては，次の4つがあります。1つ目は，抽象的思考力に重点を置くもので，スタンフォード・ビネー式知能検査を開発したターマン（Terman, L. M.），ドイツの哲学者のヤスパース（Jaspers, K. T.）らが提唱しました。2つ目は，学習能力に重点を置くもので，ディアボーン（Dearborn, W. F.）やゲーツ（Gates, A. I.）らが提唱しました。3つ目の関係の抽象能力と考えたのは，因子論で有名なスピアマン（Spearman, C. E.）です。4つ目は，新しい環境に適応する能力であるというもので，第4章に出てきたシュテルン（Stern, L. W.）が提唱しています。

3.2　知能観

　知能観とは，知能がどのようなものから成り立っているかを考えたものです。最初は，ビネー（Binet, A.）の知能観を説明します。ビネーはあとでも説明しますが，最初に知能検査を開発した人で，フランスの心理学者です。彼は，「知能とは記憶，理解，推理，判断力といった個々の能力の寄せ集めではなく，統一体である（一般知能 = general factor：G 因子）」と考え，一般知能には次の3つがあると考えました。

　　①問題解決に向かって，一定の方向をとり，それを維持する能力。
　　②問題の本質を理解し洞察して，その解決策を見いだす能力。
　　③問題の解決策が正しかったか自己批判し，自己評価する能力。

　2番目は，先ほどのスピアマン，サーストン（Thurstone, L. L.）やキャッテル（Cattell, R.）らが提唱する「知能因子観」です。スピアマンは2因子説を唱えました。「G 因子（一般因子：general factor）」と「S 因子（特殊因子：specific factor）」という2因子です。G 因子は遺伝的に決定され，①経験の認識，②関係の抽出，③関係肢の選択であり，S 因子は特殊な学習と経験によって決定されると

考えました。

　それに対して，サーストンは多因子説を唱えました。「S因子（特殊因子：specific factor）」と「C因子（共通因子：common factor）」です。C因子はいくつかのS因子に共通する因子であり，S因子には7つ（N：計数，W：語の流暢性，V：語の理解，M：記憶，R：推理，S：空間，P：知覚の速さ）があると考えました。

　また，キャッテルは「流動性因子（fluid ability）」と「結晶性因子（crystallized ability）」の2因子を提案しました。流動性因子は，結晶化された能力は役に立たないような新しい状況への適応を要するときに動員される能力で，新しいことを学習し，新しい環境に適応するために必要な能力です。一方，結晶性因子は，以前の学習経験を高度に適用して得られた判断力や習慣，これまでの経験と知識の正確さや豊かさと結びついた能力であると説明しています。いわば，"おばあちゃんの知恵袋"的なものです。

　3番目は，ギルフォード（Guilford, J. P.）の「知能構造論」です。彼は性格検査の「Y－G性格検査」を作成したことでも知られています。知能は，内容（4因子），操作（5因子），所産（6因子）の3つのカテゴリーを因子分析から見いだし，120個それぞれのブロックが知能因子にあたると想定しました。近年は，因子数が5×5×6の150因子説などもあり，因子数は変化しているようです。

　4番目は，現在，日本でよく使用されている知能検査の開発者のウェクスラー（Wechsler, D.）の知能観です。彼は，知能とは目的的に行動し，合理的に思考し，能率的に環境を処理する個人の総合的，全体的能力であると考えました。

　5番目は，ガードナー（Gardner, H.）の多重知能論です。彼は，先に述べた知能観を「古典的見解」と述べ，相互に独立の7種の知能があると述べています。すなわち，「言語的知能」「音楽的知能」「論理－数学的知能」「空間的知能」「身体－運動的知能」「内省的知能」「対人的知能」です。これらは，それ自身の法則に従い，脳の中で独立した組織としてそれぞれ作用していると述べています。

6番目は，アンダーソン（Anderson, M.）の知能理論です。彼は知能の個人差が思考の道具であり，その結果として知識をもたらすと考えました。つまり，知能は「基本的情報処理機構」の差異として説明できると考えました。

　7番目は，スタンバーグ（Sternberg, R.）の「三部理論」です。彼は，知能は3つのカテゴリーにまとめることができると主張しました。「分析的知能」「創造的知能」「実際的知能」の3つです。

　以上のような知能観に基づき，さまざまな知能検査が作成されています。

3.3　知能検査

　知能を測定する検査道具として，知能検査があります。最初に開発された知能検査は，ビネーの知能検査です。20世紀初頭1905年にビネーは自身の知能観に基づき，シモン（Simon, T.）と協力して作成しました。この知能検査の特徴は，課題が年齢級に従って並べられていること，どの程度まで正解できたかで精神年齢（mental age）を算出し，この精神年齢を暦年齢・生活年齢（chronological age）で割り，100倍して知能指数（Inteligence Quotient: IQ）を算出します。関心のある人は，「田中ビネー知能検査」「鈴木ビネー知能検査」などをインターネット検索しましょう。

　他に病院などでよく利用される知能検査として，ウェクスラー式の知能検査があります。彼は，言語性因子と動作性因子に分けて調べようとしました。検査結果は，ビネーのように何歳段階の知能ではなく，同年齢集団の中でどれくらいの位置にあるのかという偏差知能指数を利用することを考えました。ウェクスラー式の知能検査には，「幼児用のWPPSI」「児童用のWISC」「成人用のWAIS」などがあります。それぞれ時代の影響を受けて，問題の構成が変化したり，結果のまとめ方が変わったりしていますので，

Let's　Search!!

田中ビネー知能検査
鈴木ビネー知能検査
WPPSI
WISC
WAIS

関心のある人は検査の手引などで確認しましょう。

　乳幼児や成人には，ビネー式やウェクスラー式の知能検査が用いられます。他に乳幼児には「Ｋ式発達検査」が使用されることもあります。Ｋ式発達検査とあるように知能指数ではなく，発達指数（develiomental quotient）を算出します。

　高齢者の簡易知能検査としては，長谷川和夫によって作成された長谷川式簡易知能評価スケールがあります。認知症のスクリーニング等に使われています。知能の加齢変化の一般的傾向として結晶性知能は維持されやすく，流動性知能は加齢に伴って低下します。関心のある人は，「新版Ｋ式発達検査」「改訂長谷川式簡易知能評価スケール」などをインターネット検索しましょう。

> **Let's Search!!**
>
> 新版Ｋ式発達検査
> 改訂長谷川式簡易知能評価スケール 🔍

課題

◆◆ 問題提起 ◆◆

　どの言葉を用いても思考能力は同じでしょうか（外国語効果）（中島ら，1994）。

◆◆ 仮説 ◆◆

　母語で考えることと習得した外国語で考えることは異なると仮定します。

◆◆ 実証 ◆◆

　外国語効果というのは，不自由な外国語を使っている間に限り，一時的に思考能力の低下が生じるという現象のことです。言葉を使用する場合，常に言葉の文法的意味を考えながら，その内容の意味を考えることを頭の中で同時に行っています。

　どちらか一方だけの処理では，スムーズな会話は行えません。たとえば，「あなたは間違っている」と言われた場合，この文章を文法的

に理解する必要があります。「あなたは」が主語で，これは「私のこと」をさしていて，「間違っている」というのは述語であるということは，相手の人は私の話した部分のどこをさして間違っているのだろうかと考え，次に，本当に相手が言う通り，自分が間違っているのかを検討し，相手に対する言い方を考える必要があるのです。このように相手の話を聞きながら考えることが必要となるのです。つまり，言葉の処理と思考を並行して行う必要があります。

　母語は小さい頃から日常的に練習していますが，外国語は練習量が少なく，言葉の処理と思考をうまく並行して行えないので，思考能力は大きく低下することになります。

◆◆ 結 論 ◆◆

　したがって，習得した外国語で考えることは，母語で考えることとは異なり，思考能力は劣ると考えられます。外国語を母語と同じくらい流暢に扱えるようになれば，本来の思考能力を外国語でも発揮できるはずです。

用語の説明

喃語：弱く穏やかな発声による意味のない発声で生理的成熟によるものです。

オノマトペ：フランス語に語源を持ち，「命名する」というギリシャ語に由来する，擬音語・擬声語・擬態語の総称をさす言葉。2歳代で最も多く発し，大人もこの年代の子どもに使用する傾向があります。

内観（introspection）：自分自身の精神活動を意識によって観察し，それをできるだけ詳しく正確に言語化する研究法です。

第10章

感情・パーソナリティの発達

本章の目的

　あなたは，怒りっぽいでしょうか。最近，イライラしている人，怒りっぽい人が増えているように思います。社会にゆとりがなくなっているせいでしょうか。本章では，感情とはどのようなものなのか，感情が生じるメカニズム，パーソナリティとは何か，どのような理論があるのか，それらの発達的変化などについて理解することを目的とします。

1節　感情

1.1　感情とは

　みなさんは，自分の今の感情をどのように知ることができるでしょうか。「今，落ち着いています」と言う人は，どのような状況から「落ち着いている」と自分の状況を伝えるのでしょうか。「もう！　ムカつく」と言う人がいたら，どのような表情をしているのでしょうか。

　感情についての研究は，ギリシャ時代のアリストテレスに遡ることができます。それ以降，さまざまな研究がなされてきていますが，明確な定義はされていません。みなさんも「感情」という言葉を辞書やインターネットで調べてみましょう。どのように書かれているでしょうか。

Let's　Search!!

感情

　感情はすべての行動の一部なので，行動と深く関わりますし，認知（▶第6章1節 p.95 参照）は感情を喚起し，認知過程なしに感情を経験

することはありません（高野，1995）。感情は，人が心的過程の中で行うさまざまな情報処理において人，物，出来事，環境についての評価的反応（大平，2010）とされることがあります。感情を5要素で捉え，それらの構造分析によって記述しようとする試みもあります。5要素とは「感情誘発要因（elicitor）」「感情受容器（receptor）」「感情状態（state）」「感情表出（expresion）」「感情経験（experence）」です。以下の説明でこの5要素を使うことがありますので，簡単に説明します（高野，1995）。

感情誘発要因は，人間の感情受容器の引き金を引く状況や刺激のことで，お腹が空いたとか，喉が渇いたなどの「内的刺激」，母親の顔や声といった「外的刺激」の2種類があります。またこれらは，生得的側面（▶第4章1節 p.59参照）と学習される側面（▶第8章2節 p.123参照）があります。

感情受容器は，中枢神経系の特定の位置や伝達路のことであり，人間の生理学的，認知（▶第6章1節 p.95参照）的状態を変化させます。たとえば，暑い日にアイスを口の中に入れると冷たい感触でいい気持ちになります。そのときは身体に生理的変化が生じます。そのときの神経系のことを言います。

感情状態は，人間の身体的，神経的活動における変化のことで，生理学的活動水準によって変化したり，型を変えたりすることがあります。先ほどの例で言うと，冷たくていい気持ちの部分に当たります。

感情表出は，顔，身体，声，活動水準などに生じる変化の特徴で，観察し得るものです。暑い日にアイスを口に含んだあなたは，いい気持ちになり，すっきりした気分になり，微笑みが浮かぶかもしれません。そのような変化をいいます。

感情経験は，感情状態と表出についての**意識**的，**無意識**的知覚，解釈，評価のことで，その認知過程は過去の社会的経験によって影響を受けます。たとえば，お腹が痛いときに顔をしかめていると他者が「どこか痛いの？」と尋ねてくれれば，正しく感情表出ができ

ていることになります。

　感情は一次的感情と二次的感情に分けられます（高野，1995）。快と不快は一次的感情であり，喜び・悲しみ・驚き・恐怖・怒り・嫌悪（Ekman & Friesen, 1975/1987）は，そこから派生します。人間の感情は非常に複雑で，流動的であり，純粋に唯一の感情は生じにくいものです。たとえば，喜びと受容が一緒に生じると愛情や友愛と表現します。恐れと驚きは恐慌や畏怖となります。出生直後から興奮－弛緩状態があり，目覚めている時間に得られるさまざまな刺激，たとえば，お腹が空いた，喉が渇いた，おしめがおしっこやうんちで汚れて気持ち悪い，どこかが痛いなどの生理的刺激，人の顔・声やカーテン・オルゴールメリーなどが揺れ動く感覚刺激によって感情が分かれていき，2歳頃までに先に述べたような喜びから嫌悪までの感情が出現するといわれています（高野ら，1977）。関心のある人は，ブリッジェス（Bridges, K. M.）の「情緒の分化」，ルイス（Lewis, M.）の「感情の発達」をインターネット検索しましょう。

Let's Search!!

情緒の分化
　（ブリッジェス）
感情の発達
　（ルイス）

1.2　感情が生じるメカニズム

　感情はどのように生じるとみなさんは考えますか。今のところ，脳の機能や認知（▶第6章1節 p.95参照）に基づいた3つの考えがあります（大平，2010）。1つ目は「末梢起源説」ともいわれるジェームズ＝ランゲ説，2つ目は「中枢起源説」ともいわれるキャノン＝バード説，最後が「情動二要因説」といわれるシャクター＝シンガー説です。

　最初のジェームズ（James, W.）とランゲ（Lange, C.）の二人が述べているのは，たとえば，蜘蛛を見て恐いという恐怖感情が生じるのは，蜘蛛（刺激）を知覚し，そのことでドキドキと心臓が動悸し，手に汗をかき（身体反応），そのことを知覚するから恐いという恐怖感情を認知するという考え方です。

2番目のキャノン（Canon, W. B.）とバード（Bard, P.）の二人が述べているのは，たとえば，毒蛇を見て（知覚（▶第6章1節 p.94参照）），その情報を脳が危険だと判断し，恐いという恐怖感情が生じると同時に，心臓がドキドキする（身体反応）と考えました。

最後のシャクター（Schachter, S.）とシンガー（Singer, J.）の二人が述べているのは，先のジェームズ＝ランゲ説とキャノン＝バード説を折衷させた考えで，感情が生じるのは，ドキドキするといった身体反応を知覚（▶第6章1節 p.94参照）し，その原因を考え（認知（▶第6章1節 p.95参照）），恐いと感じるということです。ダットン（Dutton, D. G.）とアロン（Aron, A. P.）の実験をもとにした「**吊り橋効果**」（Dutton & Aron, 1974）がよく知られています。

1.3 感情の社会的影響

良いエンコーダー（符号化：ここでは自分の今の感情状態を適切な表情で表出すること，つまり，嬉しいときには微笑みの表情をしたり，子どもが悪いことをしたときにわざと怒った怖い表情をしたりすること）の母親の子どもは，容易に認知できる表情の手がかりを経験しているので，デコーディング（復号化：ここでは表情からその人の感情を読み取ること）の能力が発達しているといわれています（高野，1995）。子どもは母親の表情を手がかりとして感情を理解する能力を学習しているといえます。被虐待児は，虐待を受けていない児童に比べ，感情表現認知において正確さを欠くことが明らかにされました。虐待する親の表情は，一般の親と比べて，①表情が不適切で一貫していない，たとえば，子どもを叩くときに笑うなど，②親子間の相互作用の頻度が少ない，虐待する親は子どもとの正の相互作用が少ない，つまり，一緒に笑い合い，喜びを分かち合うなどが少ないのです。そのような状況では，虐待を受けている子どもは，適切な感情表現方法を学ぶ機会がないのです。

ところで，**自発的微笑**とか**社会的微笑**という言葉を聞いたことがあるでしょうか。自発的微笑は乳児の出生後数時間で見られ，乳児

が寝ているときに見られる微笑様表情です。この微笑には感情はあまり関係していないかもしれません。社会的微笑は，生後２～５か月位から，人の顔に対して微笑するようになります。これは快の感情が関わっています。社会的微笑は「愛着」(▶第 11 章 2 節 p.180 参照) につながっていくものとなります。

　また，みなさんは「人見知り」とか「8 か月不安」という言葉を聞いたことがあるでしょうか。人見知りとは，乳児が生後６～７か月頃になると，特定の人（一般的には母親）以外の人が関わろうとすると泣いたり，嫌がったりすることをいいます。これは，母親などの特定の人とそれ以外の人を区別できるようになったからだと説明されていましたが，それだけではなく，「近づきたいけど怖い」という「心の葛藤」を持ちやすいことと関係しているともいわれています (Matsuda et al., 2013)。

　あとで詳しく述べますが，ロールシャッハ検査 (▶第 3 章「用語の説明」参照) という**投影法検査**を高齢者に実施し情緒面の特徴をみたところ，内的衝動統制，外的情緒的制制が緩慢になること，衝動性や情緒的表出性が低下するという特徴がみられました (下仲，2007)。高齢者には，幼児と同様にすぐに怒る，得意になるなどの行動が生じるようになります。子どもたちだけではなく，高齢者の中にも「キレる老人」が増えてきます。これは，歳を重ねるにつれて脳の前頭葉という部分が萎縮し，脳内のセロトニンという神経伝達物質が徐々に減少してくることが影響しているといえます。普通，大人は子どもの頃から感情を抑え，不適切な行動を我慢するトレーニングを繰り返してきているので，感情を制御（コントロール）する能力は非常に高く，冷静な判断と対応をする能力を備えています。これには環境的要因 (▶第 4 章 1 節 p.59 参照) が関係しているといえます。

　感情というのは非常に原始的なもので感情を発する部分の脳は衰えにくいのですが，感情を制御する高度な機能を果たす脳の部分は加齢によって衰えやすくなります。すると感情を表出する脳のエネルギーが感情を制御する脳のエネルギーを上回って，感情が強く表

れるからだと考えられます（和田，2010）。

2節　人格（パーソナリティ）

2.1　人格（パーソナリティ）とは

あなたは「どんな人間ですか」と聞かれたら，あなたはどう答えるでしょうか。「私は明るいです」とか，「私は誰とでもよくしゃべります」とか，「私は初めての場面では緊張しやすいです」などいろいろなタイプがあるでしょう。ジャネ（Janet, 1929/1955）は，「個体が自らの統一と他のものからの区別を維持したり，完成したりするのに役立つ作用の全体を人格と呼ぶ」と言っています。オルポート（Allport, G. W.）は，「パーソナリティとは，人間に特徴的な行動と考えを決定する精神身体的体系の力動的組織」「性格，気質，興味，態度，価値観などを含む，個人の統合体である」としています。個人の統合体という点は同じですね。「パーソナリティは，その人が物理的社会的環境に関わるスタイルを作り出す思考，情動，行動」と定義するというものもあります（Atokinson et al., 1996）。ここでは日本語での「人格」という言葉と英語での「パーソナリティ（personality）」という言葉の両方が使われています。「人格」という言葉には，今はあまり使われませんが，かつては「あの人は人格者だ（優れた人物だ）」などと倫理的・道徳的意味で使用されることがあったため，日本では「パーソナリティ」の語を使用していました。

パーソナリティ，つまり，"その人となり"をみなさんはどのように判断するでしょうか。相手の身ぶり（「よく身体が動く人だな」「話を聞くときは目を閉じるな」など），話し方（「早口だな」「よく『えーっと』と言うな」など），あるいは体型（「やせた人だな」「太っているな」など）でしょうか。本章では，パーソナリティと人格を同義で使用することにします。

このような判断と関係する今までのパーソナリティ理論について次に紹介します。

2.2　パーソナリティ理論

　パーソナリティの特徴を知るにはどうすればよいとみなさんは思いますか。外見，血液型などいくつかに分類する方法がありますが，これらを「類型論」といいます。古くは，古代ギリシャのヒポクラテス（Hippocrates）の「四大体液説（血液・粘液・黄胆汁・黒胆汁）」，古代ローマの医学者ガレノス（Galenos）が提示した「体液理論（多血質・粘液質・胆汁質・憂鬱質（黒胆汁質））」，20 世紀に入り，クレッチマー（Kretschmer, E.）の「体型性格論（気質類型論）：分裂気質・分裂病質（細長型），循環気質・躁鬱病質（肥満型），粘着気質・てんかん質（闘士型）」，クレッチマーの考えを発展させたシェルドン（Sheldon, W. H.）の「発生的類型論：内胚葉型（内臓緊張型），中胚葉型（身体緊張型），外胚葉型（頭脳緊張型）」，ユング（Jung, C. G.）の「タイプ論（類型論）」などがあります。ここでは詳しい説明をしませんが，関心のある人は図書館やインターネットで，上記の名前を調べてみましょう。

　パーソナリティ特徴を知るためのもう 1 つの方法は，外向的とか，温和などという特性語（形容詞）を用いた「特性論」というものがあります。特性論とは，先ほど述べた特性語（形容詞）を個々人が評定し，それによって得られた結果を因子分析という統計手法を用いてそれらの特性語の関係をみる方法です。昔は，数百の変数を扱った千人程度のデータの分析は大型計算機で数日が必要でしたが，コンピュータの性能が飛躍的に向上したことで容易に分析できるようになりました。また，キャッテル（Cattel, R.）やアイゼンク（Eysenck, H.）など多くの特性論研究者が分析を行い，そこで，ビッグファイブ（the Big Five：特性 5 因子論）とよばれる 5 因子モデルが見いだされました（辻，1998）。

> **Let's Search!!**
>
> 類型論
> 四大体液説
> 　（ヒポクラテス）
> 体液理論
> 　（ガレノス）
> 体型性格論
> 　（クレッチマー）
> 発生的類型論
> 　（シェルドン）
> タイプ論
> 　（ユング）
> 因子分析

統計に関心のある人は，図書やインターネットで「因子分析」を調べましょう。

(1) 特性5因子論

5因子モデルに大きく貢献したのがゴールドバーグ（Goldberg, L. R.）です。その人格の5因子モデルに基づき，コスタ（Costa, P. T. Jr.）とマックラエ（McCrae, R. R.）が人格の生涯発達研究を視点に入れて，開発した「人格インベントリー（Rivised NEO Personality Inventory: Neo-PI-R)」を開発しました。

5因子とは，「神経症傾向（neurotism）」「外向性（extraversion）」「開放性（openness）」「調和性（agreebleness）」「誠実性（conscientiousness）」の5つの因子です。神経症傾向得点が高い人は，心配性で精神的に弱くて不安定とされています。低い人は，穏やかで精神的に強く安定しているといわれています。外向性得点の高い人は社交的でおしゃべりで活動的であり，得点の低い人は控え目で物静かで抑制的であるといわれています。開放性，つまり，経験に対して開かれている人は外的世界に好奇心を持っており，独創的で革新的であるといわれています。逆の人は保守的で馴染んだものを好む傾向があります。調和性得点の高い人は，他者に思いやりがあり柔軟であるといわれています。逆に低い人は，利己的で思いやりに欠け，競争を好むとされています。誠実性得点の高い人は，強い意志を持ち，慎重で信頼できるとされています。得点の低い人は，軽率だったり，やる気がなかったり，信用できなかったりするといわれています。

特性論を用いた人格インベントリーは，他に「ミネソタ多面的人格目録（Minnesota Multiphasic Personality Inventory: MMPI）」「矢田部－ギルフォード性格検査：Ｙ－Ｇ性格検査」などもあります。これらについても関心があれば，これらをキーワードにして図書やインター

Let's Search!!

ミネソタ多面的人格目録
矢田部－ギルフォード性格検査

ネットで調べてみましょう。

(2) クロニンジャーの 7 因子パーソナリティ理論

　クロニンジャー（Cloninger, C. R.）は，パーソナリティには「気質」と「性格」が含まれると考えます（木島，2014）。彼の理論では，気質は遺伝的要因（▶第 4 章 1 節 p.59 参照）の影響を受け，**無意識**の自動反応であると考えます。気質には「新奇性探求」「損害回避」「報酬依存」「固執」の 4 つの特性があり，神経伝達物質が関連します。

　「新奇性探求」が高いと新しいものが好きであったり，おしゃべりであったり，不規則な行動をとり，これが低いと頑固で自分のやり方を変えず，保守的です。これにはドーパミンという神経伝達物質が関係しているといわれています。

　「損害回避」の損害は，学習（▶第 8 章 2 節 p.123 参照）での "罰" と同じ意味です。「損害回避」が高い場合は，心配性で内気で悲観的だったりし，これが低い場合は危ないことを好み，外向的で楽観的になります。これに関係する神経伝達物質はうつ病とも関連があるとされるセロトニンといわれています。

　「報酬依存」は，報酬が得られる行動を行うかどうかです。これが高い場合は，共感的で情緒的で感傷的であるといわれ，低い場合は孤立したり，冷静であったり，感傷的でなかったりします。これに関連する神経伝達物質はノルアドレナリンといわれています。

　「固執」は，1 つのことをずっと続けられるかどうかに関わります。これが高いと完璧主義で熱心であるといわれ，低いと何事もいい加減になり，飽きやすいといわれています。これに関わる神経伝達物質は不明とされています。

　「性格」とは，自分がどのような行動をとろうとするか意識して考えていることで，自分で自覚して成長する傾向のことです。ここには環境的要因（▶第 4 章 1 節 p.59 参照）が関わっているといえます。また，「性格」には「自己志向性」「協調性」「自己超越性」の 3 つの

特性があるといわれています。

「自己志向性」は，自己の次元における成長のことです。自分自身を受け入れ，自分の人生に目的を持ち，自分の行動に自分で責任がとれることをいいます。

「協調性」は，相手がどのような人であれ，受け入れられるようになれば，相手に共感できたり，思いやりをもって接することもできるようになったり，協力したりすることができるようになることです。

「自己超越性」は，自己を全世界の一部分と捉えます。自分の人生においてスピリチュアルなものの力を感じたり，その力に導かれているように感じたりすることをいいます。

クロニンジャーは，気質が自分の経験する環境を彩り，性格形成に影響を与えると考えています。彼は「気質」と「性格」を測定する「パーソナリティ質問紙（Temperament and Character Inventory: TCI）」を開発しています。

(3) 精神分析理論

パーソナリティについてよく知られているのが，フロイト（Freud, S.）の精神分析理論に基づくパーソナリティ理論です。多くの図書に書かれていますので，簡単に説明します。フロイトは，パーソナリティを3つのシステム，「イド（id）」「自我（ego）」「超自我（superego）」に分けました。

イドは，生まれつき持ち合わせているもので，快を求め，苦痛を避ける状態です。快原則に従い，自己中心的であるとされています。

自我は，2～3歳で発達するといわれ，イドを満足させる方法を理解しており，イドが何かを求めると自我はどうすればよいか，どういう行動をとればよいかを考えるようになります。現実原則に従います。

超自我は，6～7歳までに発達し，社会・家庭のルールを理解している領域でイドの要求を自我が検討する際，善悪を判断する自我を超えた視点から考える部分です。

　精神分析理論に基づいて作られたパーソナリティ検査に「**投影法検査**」があります。スイスの精神分析家ロールシャッハ（Rorschach, H.）が考案した「ロールシャッハ検査」（▶第 3 章「用語の説明」参照），マーレー（Murray, H.）が考案した「絵画統覚検査（Thematic Apperception Test: TAT）」，その他にバック（Buck, J. K.）が考案した「House（家）− Tree（木）− Person（人）Test: H-T-P 検査」，ペイン（Payne, A. F.）がパーソナリティ検査として試みた「Sentence Completion Test: SCT（文章完成検査）」などがあります。投影法検査はいろいろありますが，多くの投影法検査は一貫した高い信頼性や妥当性を証明した研究は少なく，パーソナリティを査定するために役立つことを示す客観性のある研究も十分とはいえない状態です。パーソナリティ査定では，**テスト・バッテリー**として質問紙検査（▶第 3 章 3 節 p.52 参照）（Neo-PI-R, MMPI, Ｙ−Ｇ 性格検査など）を投影法検査に組み合わせて使われることがあります。

（4）進化心理学的アプローチ

　ダーウィン（Darwin, C. R.）をご存じでしょうか。進化論で有名ですね。進化心理学は，進化論に基づいています。つまり，子孫にとって有益なものは生き残るという自然淘汰の考えです。人間の行動とパーソナリティを，人類の生存と生殖の成功のための適応から説明しようとします。進化心理学では，パーソナリティにおいて子孫を残すために役に立つものは残り，そうでないものは消滅していくと考えます。たとえば，他者と共同するのがよいのか，利己的な行動がよいのかを考えたとき，長い目でみれば，共同は利己主義よりも成功するので，こちらが残ると考えます。人間の行動の出現や持続をこのように考えていきます。

（5）その他のアプローチ

　その他のパーソナリティの理論には，「行動論的アプローチ」「認知的アプローチ」「人間性アプローチ」などがあります。

行動論的アプローチは，行動を重視し，行動は人間と環境の持続的関係の結果生じると考えます。

　パーソナリティに対する認知論的アプローチでは，パーソナリティの違いは個々の精神的表象情報の違いに起因すると考えます。バンデューラ（Bandura, A.）の提唱する「社会的認知理論」は，内部の認知 (▶第6章1節 p.95 参照) 過程は行動に影響を与える環境的圧迫と結びつき，認知的過程と環境は互いに相互的効果があるというものです。ミッシェル（Mischel, W.）は，環境に対する人々の反応に影響を及ぼす多くの認知変数を特定しています。なかでも，「マシュマロ実験」（『マシュマロ・テスト：成功する子・しない子』Mischel, W. ／ 柴田［訳］，2015 年）は有名です。日本語に訳されていますので，興味のある人は読んでください。ケリー（Kelly, G. A.）は「パーソナル・コンストラクト理論」，すなわち，自分自身と自分の社会的世界を解釈するために使う概念に焦点を当てました。これは，セラピストによる介入や解釈を最小限に抑えながらクライエントが自分の構造（スキーマや世界観の方法）を分析するのを助けるために使用されています。

　個々の人間の中心的課題は「私は誰？」ということです。究極の価値は人の尊厳に置かれます。人間性アプローチは，個々の主観的経験に焦点を当て，人間性心理学は精神分析 (▶本章2節 p.164 参照) と行動主義に基づきます。ロジャーズ（Rogers, C.）は，人間を動かす基本的な力は本来備わっているものであり，それを自己実現傾向だとしました。たとえば，人間は自分の要求が否定されたとき，大きな不安が生じます。子どもは，自分を世話してくれる人を通して，また，肯定的な経験を通して無意識的活動的自己を発達させます。マズロー（Maslow, A. H.）は，要求の段階説を提案しました (▶第8章1節 p.120 参照)。基本的要求を充足できたら，より複雑な心理学的動機へと上昇します。また，ある段階の要求は次の段階の要求の行動の重要な動機となる前に少なくとも部分的に満足させられねばならないとしています。

3 節　感情とパーソナリティの発達

3.1 感情の発達

　感情には，感情を理解する側面と感情を表出・表現する側面があります。この 2 つの側面は，「コミュニケーション」（▶第 11 章 1 節 p.173 参照）の基盤となります。感情は，何のためにあるのでしょうか。感情においては不快なもの，つまり「負（ネガティブ）の感情」（たとえば，怒り・嫌悪・恐れなど）は，得意などの快，すなわち「正（ポジティブ）の感情」（たとえば，喜び・嬉しさなど）よりも早く発達します。これは，相手の不快な感情，すなわち負の感情を理解し，それに対応することが，自分の生存に関わってくるからだといえます。

　2 歳児では喜びや悲しみの表情を示すことができますが，喜びや悲しみをもたらす刺激（感情誘発要因）を明確に述べることはできません。3 歳になると感情誘発要因の例をあげることができるようになります。これには文化に適切なレパートリーの学習が含まれます。文化に適切なレパートリーの学習とは，本章 1 節 p.158 で述べたように，大人の表情と表出される感情が一致していると，表情と感情が一致する学習がなされることです。たとえば，ママにニコニコしてプレゼントを渡したから嬉しかったなどです。

　2 歳くらいから他者の感情を理解し，3 歳児の約半数が表情に関する感情のうち，喜び・悲しみ・怒り・恐れなどの表情を区別でき，5 歳児になると大多数がこれらの区別が可能になるといわれています（枡田，2014）。一方で，自分が嬉しいとか悲しいとかを理解する自己感情理解に関する“嬉しい”という正の感情理解は 7 ～ 9 割の幼児が理解できていましたが，“悲しい・怒っている・怖い”などの負の感情理解は半数程度の幼児しか理解できていませんでした。また，他者感情理解では“嬉しい”と“悲しい”という感情は 4 ～ 5 歳で半数程度，5 ～ 6 歳で 7 割程度の幼児が理解できましたが，“怒っている・怖い”という感情は，幼児では 4 割程度の理解でした（廣瀬ら，2010）。さらに，4 ～ 5 歳の年中児は“喜び”以外の“悲しみ・怒り・恐れ・驚き”などの負の感情が生じた場合は「イ

ヤ」という言語表現が多くみられ，5～6歳の年長児では「こわい・びっくりした」などの具体的な感情語を答えることが多くなったという結果も得られています（枡田，2014）。これらから，幼児期には表情理解や状況理解が年齢とともに発達し，その中でも喜びや悲しみの理解がそれよりも先に進むといえそうです。ここで，みなさんは気づきましたか。はじめのところで，怒り・嫌悪・恐れなどの不快な感情が先に発達すると述べています。しかし，後半では，嬉しいなどの快の感情を理解している割合が高いと述べています。どうしてでしょうか。

　これは，感情には，「情動」という遺伝的・原始的・自動的な反応によって得られるものと，認知に影響を与える「社会的感情・知的感情」の2つがあり（大河原，2010），前者は自己の生存に関わるために発達し，生存の安定が確保されるに従って後者が発達するためだと考えられます。また，加齢によって脳の機能が衰えていくので，感情を制御する能力も低下してきます。そのことを理解したうえで，自分の体調と年齢を考えて行動することが感情制御に役立つかもしれません。

3.2　パーソナリティの発達

　フロイトは，パーソナリティは5段階の心理性的段階を経て発達すると考えました。フロイトは，生後1年間を「口唇期」，2年目を「肛門期」，3～6歳を「男根期」，7～12歳を「潜伏期・前性器期」，思春期と青年期を「性器期」とよびました。彼は，それぞれの段階でイドの快楽衝動が，身体の特定の部位とその部位の活動に焦点を当てると考えました。この衝動を満たす機会が得られなかったり，この衝動が放置されたりすると，その人は，その段階に特有の問題に固着するようになります。それぞれの段階の特徴や問題を知りたい人は，インターネットや図書で調べましょう。

Let's Search!!

フロイト　口唇期
肛門期　男根期
潜伏期　性器期

　またエリクソンは，パーソナリティの発達に関して，「ライフ・サイクル 8 段階（生涯のスケジュール）」を提唱しています。そして，そのうち 1 つでもうまくいかなければ，後に同一性の危機という問題が生じると考えました（▶第 4 章 3 節 p.69 参照）。

　特性 5 因子論に基づくパーソナリティ検査では，あくまでも 69歳までの結果ですが，調和性と誠実性は，加齢に伴い，高くなる傾向があり，神経症傾向は加齢とともに低くなる傾向がみられています（下仲，2007）。これはあくまでも 70 歳くらいまでの特徴であり，もっと高齢，たとえば後期高齢者になると傾向は異なってくるのではないかと思います。

　感情とパーソナリティが加齢によって，特に後期高齢期ではどのように変化するのかは，まだ研究途上にあるようです。

課題

◆◆ 問題提起 ◆◆

　感情知能（emotional inteligence）を知ることは，自分や他者の感情をコントロールするのに役立つでしょうか。

◆◆ 仮説 ◆◆

　感情知能を知ることは，自分や他者の感情をコントロールするのに役立つと仮説します。

◆◆ 実証 ◆◆

　感情知能とは，ゴールマン（Goleman, D.）によって普及した言葉です。ゴールマンは「自分の感情を理解し制御することは，生涯の健康と成功にとって，最も重要な鍵の 1 つである」と主張しました。ちなみに，感情知能には 4 つの成分があるとされています。1 つ目は，自分と他者の感情を正確に知覚し，表出することです。たとえば，自分の不安を明確に知覚できなければ，慢性的な生理的覚醒状態，つまり，何となく落ち着かない状態になり，身体的消耗をもたらし，健康

を損なうでしょう。2つ目は，考えている（▶第9章2節 p.143 参照）ときに自分の感情に接近し感情を引き出す能力とされています。たとえば，あなたが大学を選んで入学したとき，その大学に入学することをどのように感じたのでしょうか。そのときの自分の感情を引き出すことができれば，未来の予測に役立つでしょう。3つ目は，感情と感情の意味を理解することです。たとえば，不安であることを知覚し，その理由を理解することです。大学で学期末のレポート作成や試験準備に負われ，十分な睡眠がとれていなかったときにやる気がなくなったり，ふさぎ込んだりするかもしれません。この原因は睡眠不足です。しかし，場合によっては，この大学，専攻が自分に合っていないのかもしれないと理由づけてしまうかもしれません。最後の4つ目は，自分の感情を適切に管理・調整できる能力です。自分の感情を必要以上に抑えつけてはいけませんし，すぐに出しすぎてもいけません。どちらも不健康な状態です。

　これらの4つが感情知能であるという立場もありますが，今のところ明確な定義はありません。ガードナー（▶第9章3節 p.151 参照）は自分の多重知能理論の中にこの知能を含めています。感情知能を新しい瓶に入れられた古いワインだと表現する人もいます。

　感情知能の高い人は，他人と比較せず，自分が成し遂げたことを自分で評価し満足を得たり，自分の感情を把握し，冷静に対応したり，完璧さを目指さず柔軟に目標を設定したり，失敗を恐れず前に向かうことができたりします。また，リーダーシップに役立つという研究もあります。このようにいわれていますが，先ほど定義があいまいだと書いているように，まだまだ研究途上の段階であり，感情知能は協調性をみているという批判もあります。

◆◆ 結　論 ◆◆

　感情知能は，まだ，研究途上なので定義や研究結果についてあいまいなところはありますが，自分や他者の感情状態を知り，コントロールすることは，自分自身の発達に役立つといえるでしょう。

用語の説明 -

意識と無意識：意識とは今の自分の状態や周囲の状況を認識できていることであり，無意識とは気づいていない部分といわれています。フロイトの精神分析学では意識・前意識・無意識に精神を分けています。ユングは無意識を個人的無意識と集合的無意識に分けています。

吊り橋効果：吊り橋と木の固定橋のそれぞれの上で，男性が女性から「研究に協力してほしい。もし，研究について詳しく知りたければ，ここに電話をください」と声をかけられます。電話をしてきたのは吊り橋の男性が多かったという結果から，ダットンとアロン（Dutton & Aron, 1974）は，吊り橋を渡るドキドキを女性に対するドキドキと勘違いしたのではないかと考えました。

自発的微笑：乳児が生後数時間の間に表出する微笑に似た表情表出。その後，人の声，さまざまな音，顔などの視覚刺激に反応し，微笑することです。

人見知り：特定の人以外に恐怖の感情を示すことで，生後 6 〜 7 か月頃に始まりますが，個人差が大きく生後 3 〜 4 か月頃から始まる乳児もいれば，1 歳を過ぎてからという乳児もいます。

8 か月不安：特定の人（一般的には母親）との分離に強い不安を示すことです。

投影法検査：あいまいな刺激を被検査者に提示し，その回答から被検査者の知覚，認知，パーソナリティなどの情報を得る方法。回答が歪められにくいという長所と回答の評価に時間と熟練が必要という短所があります。

テスト・バッテリー：個人をよく理解するため，あるいは，個人のある行動の要因を判断するために，多面的・総合的に複数の心理テストを組み合わせて実施することです。

- -

第11章

コミュニケーション・社会性の発達

本章の目的

　あなたは，他者と話すのが得意でしょうか，それとも苦手でしょうか。うまくコミュニケーションをとるのは，案外難しいですね。2013年度に日本経済団体連合会が企業に行った調査で，採用選考にあたって重視した点の第一位は「コミュニケーション能力」となっています。コミュニケーションと聞くと自分の思いや意見を相手に話すことをイメージしがちですが，相手の話をしっかり聞くことも含まれます。本章では，コミュニケーションの役割，コミュニケーションの種類，コミュニケーションと言葉の関係，社会性とは何か，社会性の発達，それに関係する愛着理論について，愛着スタイルと対人関係，仲間関係などを理解することを目的とします。

1節　コミュニケーションとは

　コミュニケーションと聞くとみなさんはどのようなことを思い浮かべるでしょうか。コミュニケーションには「記憶」（▶第7章2節p.110参照），「言葉」（▶第9章1節p.137参照）「思考」（▶第9章2節p.143参照）などが関係します。コミュニケーションをとるということは，コミュニケーションの相手に自分の考えをわかってもらう，いわゆる理解してもらうことです。

　コミュニケーションの定義としては，人間同士で行われる知覚（▶第6章1節p.94参照）・感情（▶第10章1節p.155参照）・思考（▶第9章2節p.143参照）の伝達などをいい，情報の伝達だけではコミュニケーションが成立したとは見なされず，人間と人間の間で「意志の疎通」が行

われたり，「心や気持ちの通い合い」が行われたり，「互いに理解し合う」ことが生じて，初めてコミュニケーションが成立したといいます[*]。

1.1 コミュニケーションの成立

　コミュニケーションが成立するとは，「言葉」を用い，お互いに「理解する」ことができ，「共感する」ことができることをさします。たとえば，子どもが「痛い」と言ったとします。その「痛い」という言葉を聞いたとき，聞いたその子どもの母親の内部では1つの過程が発生します。「痛い」という言葉によって表現された身体の状態に似た状態を聞き手である母親は自らの体験に即して，その痛みを想像します。母親は実際に，その部分に痛みを感じるわけではありませんが，自分の子どもの「痛い」という言葉で表現しようとしている身体の状態がどのような性質であるかがわかるのです。このような共感の過程をコミュニケーションといいます（池上，1984）。

　この共感，相手の立場に立って感じたり，考えたりすることが苦手な状態を「想像力の欠如」といいます。この共感が積み重ねられていけばいくほど人間関係は深くなっていきます。人間関係はコミュニケーションの累積です。また，お互いにサインを交換し合うことなしに成立する人間関係というのは，ほとんど想定できません。何度も往復する手紙，何度も会うこと，おしゃべり，会議など恋愛関係であれ，友人関係であれ，取引関係であれ，およそ人間関係というのはさまざまなサインや言葉の交換を通じて成立しており，「言葉をかける」ということは人間関係の基本的な条件です。

1.2 コミュニケーションの種類

　コミュニケーションには，大きく分けて「言語的コミュニケーション」と「非言語的コミュニケーション」の2種類があります（岡田，2013）。

---

[*]　コミュニケーション（2016/06/07 更新）
　　https://ja.wikipedia.org/wiki/コミュニケーション（2016/06/13 検索）

(1) 言語的コミュニケーション

　言語的コミュニケーション（Verbal Communication: VC）とは，文字通り，言葉を用いてメッセージを伝えることで，伝達の語義，内容が中心になります。言葉は抽象性が高いので，それをうまく受けとめることができなければ，うまく伝わらないことになります。

(2) 非言語コミュニケーション

　非言語コミュニケーション（NonVerbal Communication: NVC）は，言葉以外のコミュニケーションで，「身体運動（顔の表情，顔色，視線，身振り，手振り，身体の姿勢など）」「近言語（アクセント，声の大きさなど）」「近接学：プロクセミックス（対人距離，身体の延長としての個人空間など）」「感覚（嗅覚，温覚，触覚など）の感受性」「人工物（服装，化粧，持ち物など）」があります。コミュニケーションの相手から観察されやすく，自動的に行われることもあります。たとえば，両手でハートマークを作り，愛を表現するとか，親指を立て，他の指をグーのように握って見せて OK ということを表現するなどがあります。カラヴァッジオというイタリアの画家を知っていますか。彼の作品の1つに「フォーチュンテラー（女占い師）」があります。これはアイコンタクトでコミュニケーションしている二人を現している絵です。他にもこのような非言語コミュニケーションをしている作品が，絵画，イラスト，漫画，アニメなどであると思います。興味があれば探してみましょう。

> **Let's Search!!**
>
> 非言語コミュニケーション
> カラヴァッジオ
> フォーチュンテラー

　言語的コミュニケーションと非言語的コミュニケーションは，現実には分けられるものではなく，両者が一緒になってコミュニケーションをしているといえます。言語的・非言語的コミュニケーションを駆使し，自分のメッセージを適切に表出し，相手のメッセージを的確に把握することで，対人関係は円滑になるといえます。

1.3　個体内コミュニケーション

　コミュニケーションは，他者と行う以外にないでしょうか。みなさんは自分の中でもう一人の自分とコミュニケーションすることはないでしょうか。たとえば，「今日のお昼は何を食べようかな」「昨日はサンドウィッチを食べたから，今日は丼にしたら？」「う〜ん……。でも，やっぱりパン系が食べたいな……」「でも，毎日，同じ種類は良くないかも……」など自分の中で会話することはありませんか。このように，一人の人間の内部には「もう一人の自分」がいます。その「もう一人の自分」と自分とのコミュニケーションは，一人の人間の内部でのコミュニケーション（個体内コミュニケーション：intrapersonal communication）ともいえます。自分の中でのコミュニケーションは主に言語を用いて行います。

　言葉とコミュニケーションと思考の関係としてピアジェ（Piaget, J.）とヴィゴツキー（Vygotsky, L. S.）の考えがあります（Burman, 2008/2012）。幼児は，先ほどの“昼食は何を食べるか”という自分の中の自分との会話を口に出して言う，つまり，発語することがあります。それをピアジェは「自己中心的発話」とし，このような発語が対人的なコミュニケーションに発達していくと考えました。彼は，幼児が一人で行う会話を3種類に分けています。まず1つ目の「反復」というのは，同じ言葉を繰り返して遊んでいる状態で，伝達の意図はありません。2つ目が「ひとりごと」で，今自分が行っていることを語る状態です。これも伝達の意図はありません。3つ目が「集団的ひとりごと」で他者のいるところで生じますが，これも伝達の意図はありません。ピアジェは「認知の発達」（▶第6章3節p.99参照）が「言葉の発達」（▶第9章1節p.137参照）の前提と考えました。これに対して，ヴィゴツキーは，幼児の同じ行動を「内言」といい，ひとりごとは思考の核の1つであり，論理的思考を可能にするものと考えました。彼は，「内言」と「外言」つまり発話（speech）の両側面が発達することで思考（▶第9章2節p.143参照）がさらに発達すると考えました。

1.4　対人関係とは

　人間はさまざまな対人関係の中で現実社会の価値体系や行動様式を獲得していきます。それぞれの発達期における重要な他者について，エリクソンは表 11-1 のように述べています。また，表 11-2 は

■表 11-1　対人関係の発達における重要な対人関係
(Erikson & Erikson, 1997/2001)

発達期	重要な他者
乳児期	母親的人物
幼児初期	親的人物
遊戯期	基本的家族
学童期	近隣社会・学校社会
青年期	仲間集団と外集団
前成人期（成人初期）	友情，性愛，競争，協力のパートナー
成人期（成人中期）	労働の分担と共同する家庭
成人後期（高齢期）	人類

■表 11-2　対人関係の特徴（山本，1983 を改変）

発達段階	特徴
乳幼児期 （親中心）	・養育者の庇護の下，家庭を中心とした生活習慣の中から社会規範を取り入れる時期。 ・乳児は，早くから人に関心を示し，微笑するなどして反応する（母子相互作用）。 ・幼児は，家庭内外の同年輩児に関心を示し，一緒に遊びたがる。 ・**自己中心性**が高いので，他児との相互作用には持続性がない。 ・行動規範は，親の真似をする。
児童期 （友達中心）	・組織的な仲間集団に加わる。 ・同年輩の友人集団への所属欲求が強くなる。 ・ギャンググループ（徒党集団）という 9 歳くらいから団結力の強い集団を作る。 ・仲間の影響力が親や教師の力を凌ぐほど強くなる。
青年期	・自己の成長を示威し，個人として権威（親・教師・規則など）から独立し始める時期（第二反抗期）。 ・攻撃・逃避・挫折などを経験しながら自己意識に目覚める。 ・親や大人から「心理的離乳（独立）」を試みる。 ・内面的価値の世界を見いだし始める。

乳幼児期から青年期までの対人関係の特徴を示しています。

1.5 コミュニケーションと学び

　第1章でアクティブラーニング（▶第1章1節 p.3参照）について説明があったように，構成主義の教育理論においてもコミュニケーションは重視され，対人的コミュニケーションとともに個人内コミュニケーションを通して社会に参加していくことが学習とされています（久保田，2003）。アクティブラーニングにおける学習では，グループ内でのコミュニケーションがうまく行われているか，対話を通して新たな意味が作られているかを教師が把握することが大切であるとされています。クラス全体あるいはグループで話し合いをしている学習者が「わかった」というひらめき，直観が芽生えるように関わることが教師の使命といえます。コミュニケーションは新たな意味を生成する思考装置としての役割を担うのです。

2節　社会性の発達と愛着行動

　社会性の発達に影響を及ぼす要因として「メタ認知」「情動交流」「共同注視」「共同注意」などがあります。

2.1　社会性に影響を及ぼす要因

（1）メタ認知

　私たちは，自分自身の思考過程をしばしば考えることがあります。たとえば，状況を考えてそれを評価することができますし，信念が間違っている可能性を検討したりすることができます。考えについて考えることや学習する能力を学習するというようなことを「メタ認知（metacognition）」といいます（Nolen-Hoeksema et al., 2014）。

（2）情動交流

　情動交流とは，日常生活でみられる感情的ふれあいのことをいいます。人間同士のやりとりであれば，感情的なふれあいがコミュニ

ケーションの中で生じます。赤ちゃんは養育者である大人との遊びの中での情動交流を通して，他者とのやりとりや距離のとり方を学んでいきます（藤村，2009）。

（3）共同注視〔eye to eye contact〕

先ほどコミュニケーションのところで述べた非言語的コミュニケーションの身体運動の視線と関係するものです。乳児期から乳児の目と養育者の目が合います（図 11-1）。ここからコミュニケーションが始まります。

自閉症スペクトラム障害児（▶第 12 章 1 節 p.190 参照）の場合は，目が合いにくいといわれています。不安が高い場合も，目は合いにくいといわれています。

（4）共同注意

乳児が自分の注意・関心や主観的な経験を養育者と共有しようとする行動のことを「共同注意（joint attention）」といいます（小林，2002）。自分と他者と両者の間にある注意の共有対象となるものの三者の関係があり，この三者間で共同注意は達成されます。たとえば，親子で道を歩いているとき，散歩している人とすれ違い，その

■図 11-1　共同注視 *

*　Joseph, R. G.（2015/11/21 更新）　LIMBIC LANGUAGE Social Emotional Development and Infant Speech Hypothalamus, Amygdala, Septal Nuclei, Cingulate
http://brainmind.com/LimbicLanguage.html（2016/19/28 検索）

人の連れているイヌを指さしながら子どもが「あっ！ あっ！」と言って，養育者の注意を引くような行動をとります。自閉症スペクトラム障害（▶第 12 章 1 節 p.190 参照）など社会的・情緒的な相互関係の障害がある場合は，共同注意が難しいとされています。

(5) 心の理論

　共同注視の発達を基盤として乳児は「欲求」「信念」「知識」「思考」「意図」「感情」などの基本的心の状態についての知識を発達させます。この知識は「**心の理論（theory of mind）**」と関連します。乳児は心の理論を 1 歳過ぎから徐々に洗練させ，発達させていきます（Nolen-Hoeksema et al., 2014）。

2.2　愛着行動とは

　「愛着（アタッチメント：attachment）」とは，母親などの特定の養育者と子どもとの情緒的結びつきのことで，それに基づいて形成される相互交渉のスタイルを愛着行動といいます（岡田，2011, 2013）。愛着行動は対人関係だけではなく，さまざまな能力の発達にも関わっています。愛着（アタッチメント）を最初に見いだしたのは，ボウルビィ（Bowlby, J.）というイギリスの精神科医です。ボウルビィは，ハーロウ（Harlow, H. F.）の赤毛ザルを使った**代理母実験**と同様の結果を，戦災で孤児となった子どもたちに対する調査から明らかにしました。ボウルビィの愛着理論を発展させたのがアメリカの発達心理学者のエインスワース（Ainsworth, M. D. S.）です。彼女は安定した愛着のことを「安全基地」と表現しました。安全基地が確保されている子ども，すなわち，愛着が安定している子どもは，自分はそのように対応してもらえる存在であり，大切にされている，愛されるに足る存在であるという自己肯定感を持ち，自分を取り巻く社会と自分を信頼できるという「基本的信頼感」（▶第 4 章 3 節 p.71 参照）を持ちます。そして，他者との関係でも生産的で前向きな関係を持てるようになります。

2.3 愛着行動の発達

(1) 乳幼児の場合

エインスワースは「SSP (Strange Situation Procedure：新奇場面法)」を考え出し，愛着パターンを安定型，回避型，両価型，無秩序・無方向型／混乱型の4つに分類しました（藤村，2009；岡田，2011）。

この分類によると「安定型」は，養育者から離されると泣いたり，不安を示したりしますが，その程度は過剰ではありません。そして，養育者との再会を素直に喜び，養育者に抱かれようとします。このタイプでは，養育者が安全基地としての役割をうまく果たしているといえます。

「回避型」は，養育者から離されてもほとんど無反応です。また，養育者と再会しても目を合わせず，自分から抱かれようともしません。愛着行動は相互交渉のスタイルなので，子ども側は自分の養育者を求める要求を最小限に抑えるためにそのような態度をとっているといえます。また，養育者は子どもに対して無関心で，あまり構おうとしません。

「両価（アンビバレント）型」は，養育者から離されると激しく泣いて強い不安を示しますが，養育者と再会し，養育者が抱こうとしても嫌がったり，抵抗したりします。しかし，いったん抱っこされるとなかなか離れようとしません。これは養育者の不安が強く神経質だったり，子どもに対して厳格すぎたり過干渉だったり甘やかしたりする反面，子どもが思い通りにならないと突き放すような態度をとるといった両価的養育態度をとる傾向があるからです。常に良い子であることを求めるような養育者の態度に安心できないので，子どもはこのような行動をとるようになるのです。大きくなるにつれてこのタイプの子どもは，あるところでは明るく，別のところでは暗いといった二面性を持ちやすくなります。

「無秩序・無方向型／混乱型」は，まったく無反応であったかと思うと急に激しく泣いたり，怒りを表したりといった回避型と両価

型が入り混じった一貫性のない無秩序なパターンを示します。また，親からの攻撃を恐れているような様子を示したり，逆に親を突然叩いたりすることもあります。これは本来，安全基地であるはずの養育者が精神的に不安定なため，その時々の気分で子どもに対する態度が異なるためです。親も子どもも不安定といえます。養育者がうつ状態などの不安定な精神状態であったり，虐待したりするために安全基地が形成されていないのです。

愛着パターンの獲得の感受性期（▶第3章2節 p.47 参照）は，9か月頃から3歳くらいまでといわれています。「8か月不安」（▶第10章1節 p.159 参照）についてはすでに説明しましたが，この頃から乳児は特定の養育者を認識し始め，愛着を形成し始めます。

(2) 成人の場合

乳児期の愛着パターンは，その時点で完全に確立していません。接する相手によってパターンが異なることもあります。また，同じ養育者でも子どもへの接し方が変わることで愛着パターンは変化します。養育者以外の大人，年長者，仲間などへの愛着も経験します。このように子どもにとっての重要な他者との間で愛着パターンが積み重ねられることで，十代初め頃からその人固有の愛着パターンが明らかになり始め，成人になる頃に愛着スタイルとして確立されていくといわれています（岡田，2011）。

成人の愛着スタイルは，安定型（自律型），回避型（愛着軽視型），不安型（とらわれ型），不安定型（恐れ・回避型）に分けられます。

「安定型」の人は，自分が愛着し，信頼している人は絶対に自分を裏切ることがないという確信を持っています。なので，接する人に対して誠実であり，敬意や配慮をします。

「回避型」の人は，親密さを回避しようとし，心理的にも物理的にも距離を置こうとします。自立自存の状態を最良と見なし，他人に迷惑をかけないことと自己責任を重視します。

「不安型」の人は，絶えず自分の周囲の人に過剰に気遣いをしま

す。接する人に嫌われていないかを気にします。そして，自分が接する人に送るメッセージに，その相手は大きな関心を払っていると思い込みがちです。この型は子どもの「両価（アンビバレント）型」に対応します。

「不安定型」の人は，上記の「回避型」の特徴と「不安型」の特徴を併せ持っているため，対人関係はより錯綜し，不安定なものになります。他者を信じたいけれども信じられないというジレンマに陥ります。この型は，子どもの回避型と両価型を合わせた愛着スタイルに対応します。

3節　対人関係と仲間集団
3.1　仲間集団の発達

対人関係については，表11-1と表11-2に示した通りです。つまり，就学前までは養育者との関係が中心，基本的に家族中心となります。小学校入学後は，友達との関係など，横のつながりが増え，友達が重要な位置を占めるようになります。そして，小学校高学年になると「ギャンググループ（徒党集団）」という同性同年齢で構成された集団が重要になります。同一行動を前提とした一体感を重んじ，同じ遊びをします。女児であれば，同じ持ち物を持つことをルールにしたりします。男児であれば，秘密基地を作ったりします。養育者や教師等の大人よりも仲間の承認が第一になります。そのため，社会のルールを破ったりすることもあります。少し前ですが，川の土手で男児が生き埋めになった事故がありました。一緒に遊んでいた男児たちは，そこが秘密基地だったため，親をはじめ，自分たちが掘った穴のこと，一人が生き埋めになったことを言いませんでした。夜になって，帰ってこない我が子を心配した親からの問い合わせで事態が発覚しました。しかし，生き埋めになってからかなりの時間が経っていたため，残念ながら男児は助かりませんでした。最近（2017年7月）では，毒蛇のヤマカガシに噛まれた男児のことがニュースになりました。最初は公園で噛まれたとのことでした

が，真相が明らかになるにつれて，公園ではなく近くの山の中であることがわかりました。その場所は，彼らにとっては秘密の場所だったのかもしれません。このようにギャンググループでは，結束が固いという面が良い方向に働くか，悪い方向に働くかで意味が異なるかもしれません。

　思春期という中学生期になると「チャムグループ」が特徴になります。お互いの共通点を言葉で確認し合うという特徴があります。仲間内で秘密を共有し，誰かを仲間外れにすることでグループ内の凝集性を高めようとします。したがって，個人を尊重するというより，集団の維持を目的とします。みなさんは，グループのメンバーが順番に仲間外れにされていくという経験をしたことはないでしょうか。「もうすぐ私の番かな」などと予想したりしませんでしたか。このような集団が「チャムグループ」なのです。

　青年期という高校生になると「ピアグループ」という集団になります。この頃になると，同質性ばかりではなく，お互いの価値観や理想・将来の生き方などを語り合う中，お互いの異質性を認め合うことで，自立した個人として互いに尊重し合ってともにいることができる状態が生まれます。ピアグループとは異質を認め合うグループで一人ひとりが異なる存在，互いの違いが，逆に一緒にいる意義になります。だから，ピアグループは個人の自由に応じて出入りは自由で，自主性が尊重されます。

　同世代の仲間と話が合わなくなったり，仲間とは異なる能力，興味関心や趣味を持っていたりすると一緒にいるのが苦痛になります。

　また，グループのメンバーから生意気と言われたり，グループの秘密からつまはじきにされたり，グループの話に入れなかったりします。そのことでグループに入れない自分に非があると感じたり，グループ外のもっと視野の広い友人を求めたりしたことはないでしょうか。ある女子高校生は，「私はトイレに行きたくないのに，グループの誰かがトイレに行くと言えば，グループの人が皆ぞろぞろついていくのです。私は自分がトイレに行きたくないときに，な

ぜついていかなければならないのかと思いつつ，自分がトイレに行きたいときにも皆がついてくるので，何も言えないけれども，こんな状態でよいのでしょうか」と言いました。この女子高校生はチャムグループからピアグループに移行しつつあるのでしょうが，グループの中に同じ状態の人がいないのかもしれません。または，同じように思っている人がいるものの，その人を見つけられていないのかもしれません。

3.2　最近の仲間集団の特徴

　最近（2017 年時点）は，戸外で遊べば，近所の大人にうるさいと文句を言われたり，道で遊んでいると交通事故に遭う危険もあり，また，ゲーム機の流行によって室内ゲームを行う傾向が児童のときからあります。また，子どもを事故や事件から守ろうと小学生のときからスマートフォン（以下，スマホ）を持たせることがあります。そこで，対面のギャンググループが成り立ちにくくなっているかもしれません。ですが，スマホを使った LINE などのアプリを用いたやりとりはあるようです。このような状況からギャンググループが成り立ちにくくなっている中で，チャムグループが肥大化，長期化する傾向があります。しかし，ギャンググループを十分に経験していないので，チャムグループで仲間外れにならないようにと心掛けながら，とにかく仲間と一緒に行動し，仲間内の流行に遅れたり外れたりしないようにするといった仲間に対する強い同調性が現れているといえます。最近，男子高校生同士で BL（Boy's Love）が流行っているようです。これは **LGBT** などとは関係がないそうで，二人で同じ服装をしたり，一緒に手をつないで遊びにいったりするようです。チャムグループの 1 つといえるかもしれません。集団維持が非常に重要なのでスケープゴートとしてのいじめの対象が必要になるといえます。いじめが頻発する理由の 1 つはこれなのかもしれません。

　また，最近の子どもたちは，いじめられることを恐れているためか，他者との違いをはっきりと表現できなくなってきているようで

す。この行動は，本来のピアグループとは違ってきています。相手の意図を探ろうとする言葉掛けや軋轢（あつれき）を避ける姿勢が目立つようになります。つまり，本来のピアグループの課題達成が難しくなっているようです。今までであれば，ピアグループに移行するはずの高校生段階ですら，薄められたチャムグループの存在が目立ちます。その影響で，次のグループ段階であるピアグループへの移行もその期間が長くなる傾向があります。その影響でしょうか，大学においてギャンググループやチャムグループをやり直す学生も多いようです。ゼミやサークルで仲間作りに没頭し，その課題をやり終えて，初めて青年期課題を追究する本来のピアグループを経験することが可能になります。いわゆる青年期の延長に伴い，ピアグループ課題も遷延化してきているといえるのではないでしょうか。

3.3　仲間集団といじめ

　前頁でもふれましたが，佐治（1995）は，ギャンググループを十分に経験しないままチャムグループを形成していく中でいじめがみられるのではないか，集団維持のためにはスケープゴートとしてのいじめが必要になると述べています。いじめは，仲間関係における親密さを求めて必死にあがいている姿の裏返しであり，自立を目指して苦しみもがいている状態ともいえます。ギャンググループが成立しにくくなり，チャムグループが肥大化することで，いじめが陰湿化していると考えられます。先ほど，順番にいじめられるという話をしました。この場合は，順番にいじめられるという経験を通して，それに耐えれば仲間としての同調性を確認するという作業なのかもしれません。

　いじめられる側の要因としては，2つあるのではないかと思います。1つは，発達障害（▶第12章1節 p.189 参照）を有している場合です。仲間同士の話し合いで空気が読めなかったり，突然キレたりすることで，他の仲間からチャムグループの同調性に乏しいと見なされ，陰湿ないじめに発展することもあると思われます。もう1つは，女

子高校生の語りを先ほど述べましたが，彼女のような場合です。つまり，いじめられている人は，その人が所属している仲間集団よりも一足先に心理的に次の発達段階に到達しているのかもしれません。それがチャムグループの仲間集団にとっては，集団の掟を乱すダメな人と解釈され，陰湿ないじめにつながるのかもしれません。いじめられているあなたがおかしいのではなく，周囲がまだ幼い，あなたは早く次の段階に進んだのだと気づかせることで，自尊感情（セルフエスティーム）を維持することができるかもしれません。また，現在の社会が真のギャンググループを経験できない状況であるならば，学校社会でそれを経験させていく必要があるのかもしれません。しかし，ギャンググループは本来，大人を排除した中で育っていくものなので，いわゆるヒデュンカリキュラム（隠れたカリキュラム）の中で形成されるべきものなのかもしれません。そのような環境を学校がうまく準備することができればよいのでしょうが，非常に難しいことのようです。

課題

◆◆ 問題提起 ◆◆

　愛着障害は生得的要因や環境的要因によるものでしょうか。

◆◆ 仮説 ◆◆

　愛着障害には生得的要因，環境的要因に加え，エピジェネティックス（▶第4章1節 p.59 参照）要因が関わると仮説します。

◆◆ 実証 ◆◆

　愛着障害（無秩序・無方向型／混乱型）は，一貫した養育態度を養育者がとれないという環境的要因が関わるとされていますが，D4ドーパミン受容体遺伝子の反復配列の多型と関連することが明らかになっています。これによって，無秩序・無方向型／混乱型の愛着パターンになる確率が高くなるとされています。これは遺伝的（生得的）要因

と考えられます。

　ところが，このような配列を持つ子どもが，通常のコミュニケーション能力を持つ養育者に育てられると，環境が有利に働き，通常よりもむしろ安定した愛着を示し，愛着障害のリスクが低くなります。しかし，養育者が混乱した情緒的コミュニケーションをとる場合は，無秩序・無方向型／混乱型に愛着障害のリスクが高まり，脱抑制型対人交流障害などの行動上の問題を引き起こしやすいといわれています。

◆◆ 結　論 ◆◆

　したがって，愛着障害には生得的要因，環境的要因に加え，エピジェネティックスが関わるといえます。

用語の説明

社会性：自分の生まれた社会の中で他者とうまくつきあっていく方法やその社会の中で認められている行動様式（基本的生活習慣，言葉，集団への参加，自己統制など）を身につけていくことなどです。

心の理論（theory of mind）：他人にも心が宿っていると見なすことができ（他人への心の帰属），他人にも心の働きを理解し（心的状態の理解），それに基づいて他人の行動を予測することができる（行動の予測）ことです。

代理母実験：ハーロウ（Harlow, H. F.）は，生まれたばかりの赤毛ザルの乳児ザルを母親ザルから離し，代理母親で育てる実験を行い，愛着には授乳よりもスキンシップが重要であることを示しました。

SSP（Strange Situation Procedure：新奇場面法）：乳児に「新しい場所」「新しい人物」「母親との分離」「部屋に一人残される」「母親との再会」などを提供する8場面から構成されています。乳児が母親と再会したときの状況で乳児と養育者との愛着状況を判断する方法です。

LGBT：女性同性愛者（レズビアン：lesbian），男性同性愛者（ゲイ：gay），両性愛者（バイセクシュアル：bisexual），トランスジェンダー（transgender：身体の性と心の性が一致しないが，外科的手術は望まない人）の各語の頭文字をとった言葉です。

第12章

発達障害

本章の目的

　あなたは,「空気が読めない」とか,「人の話を聞かない」とか,「整理ができない」というような言葉を聞いたことがあるでしょうか。このような特徴は,なぜ生じるのかということを本章では考えたいと思います。つまり,「発達障害とはどのような状態なのか」「発達障害の原因としてどのようなことが考えられるか」「発達障害にはどのような対応があるのか」などについて考えます。

1 節　発達障害

　「空気が読めない」もしくは「他人の話を聞かない」などといった,人とのコミュニケーション（▶第11章1節 p.173 参照）がうまくとれない人がいるのはなぜでしょうか。そのような人は,昔からいたのでしょうか。ここでは,「発達障害」という表記を用います。発達障害は,医学的には「神経発達障害群」といいます（American Psychiatric Association［以下,APA］,2013/2014）。診断はアメリカ精神医学会が発行した「精神障害の診断と統計マニュアル（DSM-5）」,世界保健機関による「疾病及び関連保健問題の国際統計分類（ICD-10）」などに基づいて行われます。DSM-5 や ICD-10 に関心のある人は,インターネットなどでキーワード検索をしましょう。

Let's Search!!

DSM-5
ICD-10

1.1　自閉症スペクトラム障害とは

　みなさんは,「自閉症」という言葉は聞いたことがあるでしょう。自閉症というのは診断名で,DSM-5 では「自閉症スペクトラム障害（Autism Spectrum Disorder: 以下，ASD）」といいます。スペクトラムとは,連続体という意味です。自閉症スペクトラム障害の行動特徴は,社会でほとんど困らない状態から本人や周囲の人が困る状態までさまざまな形で連続しています。そして,健常な人の状態までその状態は続いています。したがって,スペクトラムというのです。

　次に書いているような状態が,まったくない人のほうが少ないのではないでしょうか。程度の差はあるものの,1 つや 2 つは当てはまるものがあるのではないでしょうか。

　自閉症スペクトラム障害かそうでないかは,社会の中で困っているかどうかが 1 つの判断基準になります（大隅,2016）。

（1）行動特徴 1：社会性の異常

　DSM-5 よりも前の DSM-Ⅳでは,「社会性の異常」「コミュニケーションの障害」「常同行動」の 3 種類に分けられていました。DSM-5 では,社会性の異常とコミュニケーションの障害が「社会性の異常」の 1 つにまとめられました。

　DSM-5 では,3 つの項目があります。「相互の対人的－情緒的関係の欠落」「対人的相互反応で非言語コミュニケーション行動を用いることの欠陥」「人間関係を発展させ,維持し,それを理解することの欠陥」です。

　最初の相互の対人的－情緒的関係の欠落とは,相手との距離感がつかめないため,自己本意な態度をとる人もいれば,逆に過剰に気を使い,同じことを何度も謝ったり,慇懃無礼な態度をとったりする人もいます。自分から話すことが少ない寡黙な人になることもあれば,自分にしかわからない独特な語彙を使いこなすようになる人もいます。自分の興味のあることについては,一方的にしゃべり続

けてしまう人もいます。いわばキャッチボールではなくノック打ちをしてしまうのです。

　2つ目の対人的相互反応で非言語コミュニケーション行動を用いることの欠陥として，独特の話し方，抑揚のない声，無表情，身振り手振りがなく，不自然でとっつきにくい印象を与えます。視線を合わせることが苦手な人もいます。相手の話の聞き方も独特で，冗談やお世辞や皮肉を真に受け，言葉に込められた微妙な感情が理解できません。これはよく言えば裏表がないという美徳ですが，率直な意見を言いすぎたりしてトラブルを起こすこともあります。

　3つ目の人間関係を発展させ，維持し，それを理解することの欠陥とは，マナーやルールを理解できなかったり，友達を作ることが難しかったり，仲間に対する興味がなかったり，希薄だったりします。

　これらを有する人の幼児期や児童期の特徴については，今まで多くの書物やホームページに書かれてきました。特徴の1つに，「主客の逆転」（梅谷ら，2015）があります。たとえば，「牛乳飲む？」と尋ねると，そのままのイントネーション，つまり，尋ねているのと同じように「牛乳飲む？」と答えたりします。これは本人としては同意を示した「牛乳飲む」という意味で答えているつもりなのです。これと同様に前章で述べた「心の理論」（▶第11章2節 p.180参照）が4歳くらいになっても正答できません。これについては「サリーとアンの課題」がよく知られています。他

Let's Search!!

サリーとアンの課題

にもいくつかの課題があります。「スマーティ課題」というものもありますので紹介しましょう。イギリスには，"スマーティ"というチョコレートがあります。誰でも知っているくらい有名なチョコレートです。これを使って「スマーティの箱を見ると，誰でもチョコレートが入っていると思う」という前提のもとで課題が行われます。まず，その箱に鉛筆を入れるところを子どもに見せます。次に，チョコレートを鉛筆に入れ替えたところを見ていた子どもに，「（入

れているところを見ていない）子どもは，この箱の中に何が入っていると答えるでしょうか」と尋ねます。定型発達の子どもは「チョコレート」と答えますが，ASD の子どもは「鉛筆」と答えるのです。ASD の子どもは見ていない子どもの立場に立てない（自己中心性（▶第 6 章「用語の説明」参照））のです。他に，「共同注意」（▶第 11 章 2 節 p.179 参照）もできにくいということもあります。「心の理論」も「共同注意」も**メンタライジング**と関係します。

　思春期や成人期以降の人も含めると，次のようなことが例としてあげられます。たとえば，自分の意見を述べるときは完全な文章で話すことができるのですが，他者とのコミュニケーションではうまくいかない場合や，表情と言語内容が一致しない場合，つまり，顔はニコニコしており穏やかな話しぶりだが，話の内容は非難である場合などの対応がわからないなどです。また，複数人で会話しているとき，会話にいつどのようなタイミングで参加したらよいのか，そこで言ってはいけない内容が何なのかなどがわからない場合もあります。後半部分を読むと，程度の差はあるものの誰にでも当てはまりそうです。

(2) 行動特徴 2：常同行動

　DSM-5 には「行動，興味，または活動の限定された反復的な様式」と書かれており，常同行動には次の 4 つの特徴があります。

1. 常同的または反復的な身体の運動，物の使用，または会話。
2. 同一性への固執，習慣への頑（かたく）ななこだわり，または言語的，非言語的な儀式的行動様式。
3. 対象に強度な，あるいは異常なほど，極めて限定された執着する興味。
4. 感覚刺激に対する過敏さ・鈍感さ，または環境の感覚的側面に対する並外れた興味。

4つの特徴について，少し具体的に説明しましょう。

1つ目の例としては，**反響言語（エコラリア）**（梅谷ら，2015）があり，物を一列に並べ続けたり，物を叩き続けり，振り続けたりします。

2つ目の例は，毎日同じ道順でしか登校できないとか，急な予定変更（たとえば，時間割の変更とか，公園に遊びにいこうと言っていたのに，雨でいけなくなったなど）に対応できなかったりします。

3つ目の例は，その人にとって大切な物を集めたりすることです。いわゆるオタクと呼ばれる人が行う行動が該当するかもしれません。**「ゴミ溜め症候群」**のうち同じ物ばかりをためる場合とか，**ストーカー**の一部の人も該当するかもしれません。

4つ目の例は，痛みや発熱などに強い，もしくは鈍感なタイプや，蛍光灯の音に敏感で部屋に入れない，匂いに敏感で人に近づけない，鉛筆を噛む，三輪車や自転車のタイヤを回し続けることなどがあります。

この他に，不器用さ（発達性協調運動障害（▶第5章3節 p.89参照））がみられることがあります。服のボタンをうまく掛けられないとか，チームでのボール競技がうまくできない，うまく文字が書けない，運転がうまくできないなど，動作が同年代と比べてぎこちなかったり，遅かったり，正確さに欠けたりすることがあります。

1.2　注意欠如／多動性障害
（AD/HD: Attention-Deficit/Hyperactivity Disorder）

DSM-Ⅳでは，「注意欠陥／多動性障害」といわれていました。この障害の特徴は，「不注意」「多動性および衝動性」などの症状があるといわれます。みなさん自身やみなさんの周りに，次のような行動を示す人はいないでしょうか。

興味が次々と移り変わり，それまでやっていたことを忘れてしまうとか，気が散りやすいとか，忘れ物や失くし物，遅刻，ケアレスミスがすごく多いなどはどうでしょうか。これらは不注意に関わる

特徴です。

　いつも慌てているような印象があり，あっちを考えたり，こっち
に気をとられたり，せわしなく動いているようなことはあるでしょ
うか。よく物にぶつかったり，部屋やデスクの中が散らかって収集
がつかなくなっていたりすることはあるでしょうか。単純作業は苦
手でしょうか。このような特徴を多動性といいます。

　自分の感情や周りの刺激に反応しやすく，思いついたことはすぐ
やらないと気が済まないとか，今はこれをやっている場合じゃない
などストッパーが効かない傾向があるでしょうか。相手の話をさえ
ぎってしまったり，並んで順番を待つのが苦手だったりすることは
あるでしょうか。失言が多いこともあるでしょうか。これらは衝動
性といいます。

　ちなみに，筆者は不注意のところで当てはまることがあります。
AD/HD についても，社会的に困っている場合には医療機関との連
携が必要になると判断します。

(1) 行動特徴1：不注意

　DSM-5（APA, 2013/2014）では，注意欠如／多動性障害には9つ
の特徴があるとされています。1つ目は，細部を見落としたり，見
逃してしまったり，作業が不正確だったりというように学業，仕事，
または他の活動中に綿密に注意することができないことです。

　2つ目は，講義や会話，長時間の読書などに集中し続けることが
難しいというように，課題や遊びの活動中に注意（▶第7章1節 p.107 参
照）をしばしば持続することが困難なことです。

　3つ目は，注意を逸らすようなものがない状況で，直接話しかけ
られても聞いていないようにしばしば見えることです。

　4つ目は，課題を始めても集中し続けることができず，中途半端
で終わってしまうというように，指示に従えない，学業・用事・職
場での義務をやり遂げることができないことです。

　5つ目は，流れのある課題を遂行することが難しい，資料や持ち

物を整理しておくことが難しい，作業が乱雑でまとまりがない，時間管理が苦手，締め切りを守れないというように課題や活動を順序立てることが難しいなどです。

6つ目は，宿題やレポートの作成，書類に必要事項を漏れなく記入すること，長い文書を見直すことなど，持続的に精神的努力を要する課題に従事することを避けたり，嫌ったり，嫌々行ったりすることです。

7つ目は，教科書，筆記用具，仕事に必要な道具，財布，鍵，書類，眼鏡，携帯電話など課題や活動を行うために必要なものを忘れたり，なくしたりしてしまうことです。

8つ目は，教室にいるときに救急車や消防自動車のサイレン，飛行機の飛んでいく音，今行っていることに直接関係のない考え（授業中にお腹空いたな，何食べようかなど）などの外的刺激によってすぐに気が散ってしまうことです。

最後の9つ目は，頼まれたことをすること，お使いをすること，期限までにお金を支払うこと，会合の約束をまもることなどの日常の活動をしばしば忘れてしまうことです。

上記のような特徴は，脳の機能障害によって自分の興味や関心のないことには覚醒レベルが低下して注意散漫になるからだといわれています*。

（2）行動特徴2：多動性・衝動性

DSM-5では，多動性および衝動性の特徴として次の9つが書かれています（APA, 2013/2014）。1つ目から6つ目までは多動性の特徴で，7つ目以降は衝動性の特徴といえます。

1つ目は，手足をそわそわ動かしたり，手足を組み変えたり，机を指でトントン叩いたりします。

---

*　YuKi　いつも空が見えるから　大人の発達障害「自閉スペクトラム症／アスペルガー症候群」の5つの特徴と役立つリンク集　（2017/04/17 更新）
　　https://susumu-akashi.com（2017/05/19 検索）

2つ目は，席に着いていることを求められる場面で離席する，そこにいなくてはならないのに自分の場所を離れるなどです。

　3つ目は，不適切な状況で走り回ったり，高いところに昇ったりします。教室を飛び出したりする子どもの中に，多動性の特徴を持つ子どももいると思われます。

　4つ目は，静かに遊んだり，余暇活動を行うことができないという特徴があります。読書を続ける，トランプでゲームをするなどができないということでしょうか。

　5つ目は，「じっとしていない」または，まるで「エンジンで動かされているように」行動します。レストランや会議で長時間じっと座っていることができなかったり，座っていることを不快に感じたりします。

　6つ目は，しゃべりすぎるということです。一度話し始めると，どこでやめればよいのかわからなくなるような感じでしゃべり続けたり，思いついたことを話し始めたりします。

　7つ目は，質問が終わる前に，出し抜いて答え始めてしまうということです。他の人がしゃべっているときにそれを遮って自分がしゃべってしまったり，子どもであれば，授業中に先生が説明している途中で答えを言ってしまうなどでしょう。

　8つ目は，自分の順番を待つことができないということです。順番に話をしているときに順番を無視したように話し始めてしまったり，遊具を使うために順番に並んでいるときに割り込んでしまうことなどです。先生に注意されるような子どもの中には，この特徴を持つ子どもがいるかもしれません。車の通っているところを後先考えずに横断し，事故に遭うこともあります。

　最後の9つ目は，他人を妨害し，邪魔をするということです。ゲームなどをしているときに息を合わせたり，同じチームのメンバーと協力し合ってボールをゴールに入れたり，相手チームのコートに入れるといったことがうまくできないとか，「貸してね」と言わずに級友の消しゴムを借りて（取って）使い始めたり，他人のし

ていることに口出ししたり，横取りしたりすることなどが当てはまります。また，大人の場合は行動ではなく頭が多動になります（星野，2013）。興味関心を持ったことに没頭して取り組み，時間の経過や寝食を忘れるほど集中することを「過集中」といいますが，そういった状態になります。集中して作業しすぎて疲れてしまったり，一連の作業を順序立てて進めるのが苦手なため，段取りよく作業できない，複数の作業を同時に進めようとするとどこから手をつけたらいいかわからなくなり，結局どの作業も途中までで完了できないといった状態になりやすいなどが当てはまります。

1.3　限局性学習障害：その行動特徴

　全体的な知的能力には問題がないように思うのに，たとえば，国語の成績だけ，数学の成績だけ，英語の成績だけが悪いという人はみなさんやみなさんの周りにいなかったでしょうか。学校では，成績が良い人は，いわゆる主要 5 教科すべての成績が良いと思われがちです。しかし，中にはなぜか英語だけはいくら努力しても成績が上がらない，というように特定の科目に問題がある人も少なくありません。学校の教師や保護者は，手を抜いているとかサボっていると考えがちですが，そのような人の中にいわゆる「限局性学習障害（SLD: Specific Learning Disorder）」の人が含まれている可能性があります。

　限局性学習障害について，DSM-5 では次の 6 つの特徴が述べられています（APA, 2013/2014）。

　1 つ目は，文字を読むのが不正確だったり，ゆっくりだったり，間違っているかもしれないとためらいがちだったり，当てずっぽうに言ったりするという特徴です。また，音読が苦手で，文字を認識することに困難があります。文字と文字が重なって見えたり，漢字の音読みと訓読みの区別がつかなかったり，画数の多い文字は認識できなかったりします。

　2 つ目は，文章を正確に読むことができても，読んでいるものの

つながり，関係，意味するもの，またはより深い意味を理解することが難しいという特徴です。教科書，マニュアル，業務文書や連絡事項などをスムーズに読んでいても，意味を理解できないことなどがあります。

3つ目は，文字を書くことに困難があるという特徴です。**鏡文字**になったり，文字が枠をはみ出したり，うまく形をとって文字を書けなかったり，その場でメモをとるのが難しかったりします。ひらがなは書けるけれども漢字が苦手ということもあります。書くことはできるけれども書くスピードが遅いということもあります。

4つ目は，文章を書くときに文法的間違いがあったり，句読点を適切につけられなかったり，段落でまとめることができなかったり，文章にしたいことをうまく書けなかったりという特徴があります。

5つ目は，数の概念，数値，計算を習得することが難しいという特徴です。数を数えられなかったり，数字を覚えるのが苦手で九九を理解できなかったり，1桁の足し算を行うときに数的操作ができずに指を使ったりします。

6つ目は，数学的推論が難しいという特徴です。数学の問題を解くためには数学的概念，数学的事実や数学的方法を用いる必要がありますが，それができません。また，「今16時でこの仕事が終わるから17時までは1時間ある，この1時間であの作業を終えなければならない」というような計算が，実生活でも難しい場合があります。

2節　愛着障害と発達障害の関係
2.1　愛着障害

みなさんは，「愛着障害」という言葉を聞いたことがあるでしょうか。愛着行動 (▶第11章2節 p.180参照) については，すでに説明しました。

愛着障害とは，**ネグレクト**をはじめとするさまざまな虐待，養育者の頻繁な交替などによって特定の人への愛着が損なわれた状態をいいます。自分の感情や行動をうまくコントロールできなくなった

り，自分のことを大事に思うことができなかったり，他者への想像
力が働かないなど基本的な社会性を持つことができなかったり，人
とのコミュニケーションがいびつになったりするといわれています。
不安定型の愛着スタイルの中で最も重篤な状態といわれています。
どんなに理不尽な仕打ちを養育者から受けても，子どもは親である
養育者を愛し，求めます。子どもは虐待によって深く傷つきながら
も，その養育者を責めるのではなく自分を責めたりします。そうし
ないと，自分の存在を確信することができないからだともいえます。
　愛着障害は，DSM-5 では「心的外傷およびストレス因関連症候
群」に分類されています。DSM-5 では，DSM-Ⅳにおける「反応
性愛着障害・抑制型」が「反応性アタッチメント障害／反応性愛着
障害（Reactive Attachment Disorder: RAD）」に，同じく「脱抑
制型の反応性愛着障害」が「脱抑制性対人交流障害（disinhibited
social engagement disorder)」に変更されています。
　次に，この 2 つについて説明しましょう（APA, 2013/2014)。

（1）反応性アタッチメント障害／反応性愛着障害

　養育者から社会的ネグレクト，または剥奪（はくだつ）を受けたため，安心し，
愛情を持って養育者と関わることがなかったり，養育者が離婚と再
婚を繰り返したり，パートナーを頻繁に変えたり，里親による養育
の頻繁な交代などで養育者が頻繁に変わる環境だったり，子どもの
数に対して職員の数が足りていない施設などにいたりすることで，
特定の人間と愛着を築きにくい環境に置かれ，次のような反応を示
すことをいいます。

　1.　苦痛なときでも，滅多に，あるいは最小限しか安楽を求め
　　　なかったり，反応しなかったりする。
　2.　他人に対して，最小限しか関わろうとせず，笑ったり，泣
　　　いたりなどの情動反応も少ない。
　3.　「楽しい」や「嬉しい」といった感情が制限されている印象

がある。
4. 大人が怒っていないときでも，イライラしたり，悲しんだり，怖がっていたりする様子がある。

　9か月以上の年齢で，5歳以前からこういった症状が出ていることが条件となります。
　また，「反応性アタッチメント（愛着）障害」の人は，発達的に適切な形で対人関係を始めたり反応したりできず，他者との関わりを過度に抑えたり，非常に警戒した態度をとります。この行動は自閉症スペクトラム障害（ASD）と類似していますが，自閉症スペクトラム障害（ASD）の診断基準を満たさないことが条件となっています。

（2）脱抑制型対人交流障害
　脱抑制型対人交流障害（DSDE）（APA, 2013/2014）の養育形式や環境は，（1）の「反応性アタッチメント（愛着）障害」と類似しています。
　その行動特徴には，次の5つがあげられます。

1. 見慣れない大人に対してもためらわず交流する。
2. 過度に馴れ馴れしい言葉遣いをする。
3. 年齢から逸脱するレベルでの身体的行動（性的逸脱行動等）をする。
4. 不慣れな状況において養育者が見えなくても平気である。
5. 見慣れない大人についていこうとしたりする。

　また，9か月以上の年齢であることが条件です。誰に対しても見境なく愛着を示し，適切に選択的な愛着を示すことができません。無分別な馴れ馴れしさを示します。このタイプは養育者からの気まぐれな虐待や養育者の頻繁な交替によって愛着不安が強くなったこ

とでみられます。多動や衝動性が目立つこともあり，注意欠如／多動性障害（AD/HD）の行動と似ています。そして，AD/HD の並存を必ずしも否定しません。

2.2　愛着障害と発達障害との関係
（1）発達要因との関係

　双生児研究や養子研究から，愛着障害の要因は 70 ～ 80％が環境的要因（▶第 4 章 1 節 p.59 参照），残りの 30 ～ 20％が遺伝的（生得的）要因（▶第 4 章 1 節 p.59 参照）によるものとされています。つまり，愛着スタイルを決定する要素としては，養育者をはじめとした子どもを取り巻く周りの人たちの影響が大きいと考えられます。

　しかし，もともと子ども自身が気難しかったり，落ち着きがなかったりなどといった発達障害の行動特徴があって養育者が育てにくいと感じる場合，「両価型」や「無秩序・無方向型／混乱型」の愛着パターン（▶第 11 章 2 節 p.181 参照）を示す子どもがいます。つまり，子どもの気質という遺伝的（生得的）要因が養育者の養育という環境的要因に作用することもあるのです。

　第 11 章の課題で述べたように，発達要因の 3 つ目にあるエピジェネティックス要因（▶第 4 章 1 節 p.59 参照）が関わるという報告もあります。

（2）愛着障害と発達障害との関係

　2002 年度に文部科学省が行った，日本全国の小・中学校の通常の学級に在籍する発達障害の可能性のある特別な教育的支援を必要とする児童生徒に関する調査結果で，6.3％という結果が出たことは世間に衝撃を与えました。通常学級，いわゆる普通のクラスで特別な教育的支援が必要と回答した比率が 6.3％ということは，30 人のクラスで，1 ～ 2 名の気になる子どもがいるということになります。その 10 年後，2012 年度には 6.5％に増加しています。

　なぜ，急激に発達障害の可能性のある児童生徒が増えたのでしょ

うか。岡田（2012）は，この現象は日本だけのことではなく，多くの先進国で生じていると述べています。そして，この理由として，「発達障害についての情報が一般に流布することで診断や治療を受ける人が増えたこと」と「診断の適用範囲が広がったこと」が考えられるが，社会経済的階層が影響を与えているなど養育環境等の環境的要因が関係していると報告しています。

　そのような背景がありますが，DSM-5 では並存が認められているように脱抑制型対人交流障害と発達障害のうちの AD/HD を見分けるのは難しいのではないかと思います。たとえば，授業中に立ち歩き，教室で着席ができなかったり（不注意や衝動性（▶本章1節 p.194 参照）），思いついた発言をしたりする（衝動性）児童がいたとします。行動を見れば，上記の AD/HD に該当することになります。そして，その子の養育者である母親との面談で，母親が「この子は小さいときからチョロチョロとよく動き回り，買い物に行ったときなどに迷子になることもしばしばありました。整理整頓ができず，洋服や持ち物を家のあちらこちらに置いています。忘れ物も多いです。いくら言ってもなかなか直りません」と話したと仮定します。この場合，母親が過干渉だからこのような行動を示す子どもになったのか，もともとこの子どもに AD/HD 的行動傾向があり，それで母親が過干渉になったのか，どちらが状況を正確に表しているかの判断は難しいといえます。おそらく，発達要因の遺伝的（生得的）要因と環境的要因，エピジェネティックス（▶第4章1節 p.59 参照）が複雑に関わり合っているのでしょう。

　脱抑制型対人交流障害と AD/HD を見分ける要因として，脱抑制型対人交流障害の子どもは，注意集中の困難さや多動性がないといわれています（APA, 2013/2014）。

　また，反応性アタッチメント障害／反応性愛着障害と自閉症スペクトラム障害との区別も難しいといわれています。自閉症スペクトラム障害の子どもは，特徴的な限定された興味や反復的行動を示し，意図的で目標指向性で受け手の行動に影響を与えることを目的とし

たコミュニケーションに選択的障害を示します（▶本章 1 節 p.190 参照）
が，反応性アタッチメント障害／反応性愛着障害の子どもは，この
ような一貫したコミュニケーション障害を示さないといわれていま
す。ちょっとわかりにくいですね。たとえば，自閉症スペクトラム
障害は，一貫して相手の行動の意図を把握しにくく，それに対応し
た行動をとりにくいのですが，反応性アタッチメント障害／反応性
愛着障害の場合は，その発達年齢に応じたコミュニケーションをと
ります。だから，発達すると相手の意図を考えたコミュニケーショ
ンをとれるようになったりします。両者とも身体を揺らしたり，叩
いたりという常同行動をすることがあります（APA, 2013/2014）。

　愛着障害が主な原因であったとしても，発達障害が主な原因で
あったとしても，何らかの対応を考えて実施しなければならないこ
とには違いはありません。また，環境的要因に働きかけるという意
味で子どもの保護者と協働することも大切です。

3 節　発達障害への対応

　発達障害の人への対応は，どのようにすればよいでしょうか。発
達障害は脳の脆弱性で生じます。だから，その人の性格や，やる気
のなさなどが原因ではありません。したがって，たとえば，発達障
害が原因で生じている不登校状態・出社拒否状態，もしかしたら，
その二次障害としていじめを受けていることもあるかもしれません。
このような場合，もしかしたら，発達障害の ASD で周りの空気が
読めず，周りの行動に合わせることができなくて疲れていることが
あるでしょう。もし，発達障害の AD/HD であれば，注意の抑制
（▶第 7 章 1 節 p.109 参照）がうまくいかず，とんでもないところで発言し，
周りからひんしゅくを買うことがあったかもしれません。そこで，
何で自分だけがと自己嫌悪に陥ってやる気をなくしているかもしれ
ません。あるいは，学校や職場での膨大な刺激・情報量をうまく取
捨選択（▶第 7 章 1 節 p.109 参照）できず，自分の処理量を超えてしまい，
パニックになっているかもしれません。この場合も非常に疲れると

思います。このような状態になれば，誰でも学校や職場に行くことが非常に苦痛になって当たり前です。そんな疲れきっているときに「頑張れば……」と言われても，何をどう頑張ればよいのかさえわからず，「これ以上何をどう頑張れって言うのか」という状態になると思います。

　発達障害の人への対応は，まず，その人の特徴を知り，これは広い意味で個性ということもできるでしょう。環境調整を行います。幼稚園や保育所などではよく行われています。空気が読めないということに対しても，同様の対応方法を考えてみることも可能です。以前は，日本人は機微に長けた人種だといわれていました。いわゆる空気を読むのが得意です。しかし，近年はコミュニケーション（▶第 11 章 1 節 p.173 参照）能力が低下し，言いたいことだけを主張する人（これは**アサーティブ**とはいいません），言わなければならない場面で言えない人，人の話を聞かない，あるいは聞けない人が増えています。だから，発達障害のある人だけではなく，万人に役立つかもしれません。環境調整の一環ですが，「見える化」する方法も考えられます。行ってほしいことをわかってもらうように簡単な文章で文字化するなどです。たとえば，「○○をしましょう」などでしょうか。

　また，刺激・情報量がその人にとって多すぎるのであれば，その人の机の位置を考えたり，周りにパーティションを置くなどして，刺激・情報量を減らす工夫をすることもよいでしょう。この方法は，もしかしたら他の人にも役に立つかもしれません。先ほど述べた「場にそぐわない時点での発言」などは，その人が傷つかないように「あとで発言の場がありますから，そのときにお願いします」などの言葉で，やんわりと今は発言するときではないことを伝えるという方法です。このように全体に伝えることで，その周囲の人は教師や管理者がそれこそ空気を理解していると思うかもしれません。

　実際に行う場合は，矛盾しているかもしれませんが，空気を読み，該当者の特徴をよく掴み，その個性をどのように活かせばよいのか

を考える必要があるでしょう。できないから切り捨てるとか，できないところを克服するという考え方が，発達障害の人には馴染みません。その特徴をうまく活かす工夫をする必要があります。しかし，社会は厳しく，よく耳にするのが「同じ給料なのに何であの人にだけ，そんなに気を遣わなければならないの？」です。ある意味，その通りなのですが，そこは人間同士ということで補い合うことが必要でしょう。

課
題

◆◆ 問題提起 ◆◆
　整理ができない人は，発達障害の可能性があるでしょうか。
◆◆ 仮 説 ◆◆
　整理ができない人は発達障害の可能性があると仮説します。
◆◆ 実 証 ◆◆
　整理ができないという特徴は，発達障害の AD/HD の特徴の 1 つといえるかもしれません。不注意の影響があるともいえます。AD/HD の場合は，脳の機能障害によって自分に興味のないことには覚醒レベルが低下して不注意（▶本章 1 節 p.194 参照）になるといわれています。注意集中に問題のない人は，脳がしっかり覚醒しているので，必要のない刺激はカットします（▶第 7 章 1 節 p.108 参照）。しかし，AD/HD の人の脳は，ある部分が覚醒し，ある部分は眠っているために周囲の刺激を区別なくすべて脳に入れてしまうので，疲れてしまったり，混乱したりして注意散漫になり，集中力を適度に保つことができないのです。
　AD/HD の人は，床が見えないほどの散らかし方をし，頑張ってきれいにしても，すぐまた元の状態になったりします。このような状態は，部屋の中だけでなく，仕事，家事，子育てなどでも片づけや整理がうまくできないので，やるべきことができず，ミスが増え，トラブ

ルが生じ，うつ状態を生じるかもしれません。

　「整理ができない，片づけられない」ということで，困っている人がいた場合，その人が発達障害であるか，そうでないか，困って医療機関を受診するかどうかは，本人に委ねることになるでしょう。

　「整理ができない，片づけられない」場合の対応法の1つとして，星野（2013）は，一日に10〜30分間程度の「片づけタイム」を設けることを勧めています。仕事や家事にとりかかる前，昼食後，一日の仕事後などに，一定の周期，毎日が無理であれば週に2〜3回でもよいのです。スマートフォンなどのアラーム機能を利用して，「この時間帯はとにかく片づける」「完璧でなくてもよいから，今から10（〜30）分間だけは片づける」と決めておきます。2〜3回実行できれば，部屋が片づくとともに頭の中もスッキリすることが自覚できるそうです。それが実感できれば，この「片づけタイム」を続行する大きな「動機づけ」（▶第8章1節 p.119参照）になります。「片づけタイム」が習慣化すれば，部屋などを「整理ができない，片づけられない」状態を防ぐことができ，日常生活が楽になるでしょう。この方法は，発達障害であるかどうかにかかわらず，「整理ができない，片づけられない」ことで困っている人に役立つことになると思います。

　発達障害は脳の脆弱性で生じます。その要因については，遺伝的要因，エピジェネティックス（▶第4章1節 p.59参照）が関係しています。発達障害は，「なぜできないのか」とか「怠けているのではないか」などと保護者や学校教師に責められたり，怒られたり，虐待されたりすることがあります。

　その結果，不登校，うつ，非行などの二次障害を生じることもあります。発達障害が原因で「整理ができない，片づけられない」人は，「整理ができて，片づいたから頭がスッキリする」という順番ではなく，「頭がスッキリしたから，整理ができるようになった，片づいた」のかもしれません。

　いずれにしても，「整理ができない，片づけられない」で困ってい

る人が，「整理ができて，片づいたので気持ちいいな」と感じられるように，この対応方法を試してみることもよいでしょう。

◆◆ 結 論 ◆◆

したがって，整理ができない人は発達障害の可能性があるといえるでしょう。

用語の説明

メンタライジング：自分や相手の行動を内的な精神状態と結びついているものとして，想像力を働かせて捉えること，あるいは解釈することです。

反響言語（エコラリア）：語りかけられた言葉をそのまま使用することで大人の口調やアクセントをそのまま真似たり，コマーシャルメッセージ（CM）を繰り返したりします。即時性反響言語，遅延性反響言語などがあります。

ゴミ溜め症候群：部屋や家が散らかっている，部屋が片づけられない状態が続いている状態。「強迫性貯蔵症」「うつ病」「セルフネグレクト」「統合失調症」「認知症」「AD/HD」などの可能性があります*。

ストーカー：特定の人につきまとう人のことをいい，脳の病気といわれています。「執着型」「求愛型」「一方型」などがあります**。

鏡文字：左右を反転させた文字のことです。就学前児，学習障害，脳血管障害，パーキンソン病，頭部外傷等の脳の障害によって鏡文字を書くことがあります。

ネグレクト：児童虐待，障害者虐待，高齢者虐待の1つで，必要な養護，保護，監護を行わないことです。

アサーティブ：自分も相手も尊重した上で，誠実に，しかも対等の立場で自分の要望や意見を相手に伝えるコミュニケーション法のことです。気持ちを言葉で表現しながら自分の主張をしっかりと伝えるという考えです。

---

*　http://www.skincare-univ.com/article/008850/
（2016/12/09 更新）（2017/04/26 検索）

**　https://ddnavi.com/news/297133/a/
（2016/04/15 更新）（2017/04/26 検索）

文 献

◆◆ **第1章** ◆◆

Bloom, B. S.（Ed.）. Englehart, M. D., Furst, E. J., Hill, W. H., & Krathwohl, D. R.（1956）. *Taxonomy of educational objectives: The classification of educational goals. Handbook I: Cognitive domain*. Longmans, Green and Company.

Bonwell, C. C., & Eison, J. A.（1991）. *Active learning: Creating excitement in the classroom*. ASHE-ERIC Higher Education Report, No. 1.

Griffin, P., McGaw, B., & Care, E.（2012）. *Assessment and teaching of 21st century skills*. Springer.（益川弘如・望月俊男（編訳）三宅なおみ（監訳）（2014）. 21世紀型スキル学びと評価の新たなかたち　北大路書房）

Kolb, D. A.（1984）. *Experiential learning: Experience as the source of learning and development*. Prentice Hall.

溝上慎一（2014）. アクティブラーニングと教授学習パラダイムの転換　東信堂

森　朋子・溝上慎一（編）（2017）. アクティブラーニング型授業としての反転授業［理論編］　ナカニシヤ出版

中井俊樹（編）（2015）. アクティブラーニング　玉川大学出版部

Schön, D. A.（1983）. *The Reflective Practitioner: How Professionals Think in Action*. Basic Books.

重田勝介（2017）. オープンエデュケーションとエドテック　情報処理, **58**（3）, 180-183.

山内祐平（2015）. MOOCと反転授業―ICTで変わる大学授業　大学教育研究, **23**, 111-132.

◆◆ **第2章** ◆◆

Keller, J. M.（2009）. *Motivational design for learning and performance*. Springer. （鈴木克明（監訳）（2010）. 学習意欲をデザインする　北大路書房）

Mayer, R. E.（2001）. *Multimedia learning*. Cambrige University Press.

鈴木克明（1994）. 「やる気を育てるプリント教材はここが違う（解説）」　NEW教育とマイコン1994年8月号, **29**（3）, 197-205.

鈴木克明（1995）. 放送利用からの授業デザイナー入門　日本放送教育協会

鈴木克明（2002）. 教材設計マニュアル　北大路書房

鈴木克明（2005）. 〔総説〕e-Learning 実践のためのインストラクショナル・デザイン　日本教育工学会誌, **29**（3）, 197-205.

鈴木克明（監修）市川　尚・根本淳子（編著）（2016）. インストラクショナルデザインの道具箱101　北大路書房

山本真由美（2016）. 生涯発達心理学　授業資料

◆◆ 第 3 章 ◆◆

星　薫（編著）（2011）．生涯発達心理学研究　放送大学教育振興会

厚生労働省（2015）．「平成 26 年度簡易生命表の概況」
　　http://www.mhlw.go.jp/toukei/saikin/hw/life/life14/dl/life14-15.pdf　（2015/12/25）

Lorentz, K.（1935）. Der Kumpan in der Umwelt des Vogels: Die artgenosse als auslösendes Moment sozialer Verhaltungsweisen. *J.Ornithologie*, **83**, 137-213.

ローレンツ，K.（著）日高敏隆（訳）（1989）．ソロモンの指環―動物行動学入門　早川書房

文部科学省（2009）．子どもの徳育に関する懇談会（第 11 回）配付資料　（2017/07/05）

長崎　勤・古澤賴雄・藤田継道（編著）（2002）．臨床発達心理学概論―発達支援の理論と実際　ミネルヴァ書房

内閣府（2015）．平成 27 年度版　高齢社会白書（概要版）
　　http://www8.cao.go.jp/kourei/whitepaper/w-2015/gaiyou/pdf/1s1s.pdf　（2015/12/28）

二宮克実・大野木裕明・宮沢秀次（2012）．ガイドライン生涯発達心理学　第 2 版　ナカニシヤ出版

西井涼子（2016）．人が家で死ぬということ　春日直樹（編）科学と文化をつなぐ―アナロジーという思考様式　東京大学出版会

Nolen-Hoeksema, S., Fredrickson B. L., Atkinson, R. C., Loftus, G. R., Hilgard, E. R., Lutz, C.（2014）. *Atkinson & Hilgard's introduction to psychology*（16th ed.）. Cengage learning.（内田一成（監訳）（2015）．ヒルガードの心理学　第 16 版　3 心理発達（p. 95-96.）金剛出版）

大阪府教育センター（2004）．レディネス（2004/05/24 更新）
　　http://www.osaka-c.ed.jp/kak/jinken2/4-purojekuto/hinto/kanntou/purojekuto-hint-kanntou-p4-5matsugi.html　（2016/07/23 検索）

Ryff, C. D.（1982）Successful Aging: A Developmental Approach. *The Gerontologist*, **22**, 209-214.

Sadock, B. J. & Sadock, V. A.（2001）. Kaplan & Sadock's pocket handbook of clinical psychiatry（3rd ed.）. Lippincott Williams and Wilkins.（融　道男・岩脇　淳（監訳）（2003）．カプラン臨床精神医学ハンドブック　第 3 版　DSM-IV-TR 診断基準による診療の手引　メディカル・サイエンス・インターナショナル）

下仲順子（2004）．第 1 章 生涯発達と臨床心理査定技法　大塚義孝・岡堂哲雄・東山紘久・下山晴彦（監修）下仲順子（編）臨床心理学全書 6 臨床心理査定技法 1　誠信書房

鈴木裕久（2006）．臨床心理研究のための質的方法概説　創風社

寺下貴美（2011）．第 7 回 質的研究方法論―質的データを科学的に分析する　日本放射線技術学会雑誌, **67**, 413-417.

柳澤桂子（1997）．われわれはなぜ死ぬのか―死の生命科学　草思社

◆◆ 第 4 章 ◆◆

Bouchard, T. J. Jr., Lykken, D. T., McGue, M., Segal, N., & Tellegen, A.（1990）. Sourcec of human psychological differences: the Minnesota Study of Twins Reared Apart. *Sience*, **250**（4978）, 223-228.

Capsi, A., Mclay, J., Moffitt, T. E., Mill, J.,Martin, J., Craig, I. W., Tayler, A., Poulton,

R.（2002）．Role of genotype in the cycle of violence in maltreated children. *Science*, **297**（5582），851-854.

Cole, S. W.（2009）．Social regulation on human gene expression. *Current Direction in Psychological Science*, **18**, 132-137.

Erikson, E. H.（1950）．*Child and Society*. Norton.（仁科弥生（訳）（1977）．幼児期と社会 1 みすず書房）

Erikson, E. H.（1959）．*Identity and The Life Cycle*. International Universities Press.（西平 直・中島由恵（訳）（2011）．アイデンティティとライフサイクル 誠信書房）

Erikson, E. H.（1982）．*The life cycle completed*. Norton.（村瀬孝雄・近藤邦夫（訳）（1989）．ライフサイクル，その完結 みすず書房）

Jensen, A. R.（1968）．Social class, race, and genetics: Implication for education. *American Educational Research Journal*, **5**(1), 1-42.（東 洋（1969）．知的行動とその発達 桂 広介・波多野完治・依田 新（監）（1976）．認識と思考＜児童心理学講座 4 ＞ 金子書房）

Levinson, D. J.（1978）．*The seasons of A Man's Life*. New York: Knof.（南 博（訳）（1980）．人生の四季―中年をいかに生きるか 講談社）

長根光男（2014）．発達初期の個人差の要因及び望ましい養育環境についての考察 ―環境要因は，遺伝子発現としての発達に影響を及ぼすか 千葉大学教育学部研究紀要，**62**，85-89.

長崎 勤・古澤頼雄・藤田継道（編著）（2002）．臨床発達心理学概論―発達支援の理論と実際 ミネルヴァ書房

Nelson Ⅲ, C. A., Zeanah, C. H., Fox, N. A., Marshall, P. J., Smyke, A. T., Guthrie, D.（2007）．Cognitive recovery in socially deprived young children: The Bucharest Early Intervention Project. *Science*, **318**（5858），1937-1940.

二宮克実・大野木裕明・宮沢秀次（2012）．ガイドライン生涯発達心理学 第 2 版 ナカニシヤ出版

西平直喜（1979）．青年期における発達の特徴と教育 太田 堯・岡本夏木・坂元忠芳・園 源太郎・滝沢武久・波多野誼余夫・堀毛輝久・村井潤一・山住正己（編）青年期―発達段階と教育 3 子どもの発達と教育 6 巻 岩波書店

Nolen-Hoeksema, S., Fredrickson, B. L., Loftus, G. R. & Luts, C.（2014）．*Atkinson & Hilgard's Introduction to Psychology*（16th ed.）. Cengage Learning EMEA.（内田一成（監訳）（2015）．ヒルガードの心理学 第 16 版 13 人格（pp. 636-637.） 金剛出版）

Sadock, B. J. & Sadock, V. A.（2001）．*Kaplan & Sadock's pocket handbook of clinical psychiatry*（3rd ed.）. Lippincott Williams and Wilkins.（融 道男・岩脇 淳（監訳）（2003）．カプラン臨床精神医学ハンドブック 第 3 版 DSM-Ⅳ-TR 診断基準による診療の手引 メディカル・サイエンス・インターナショナル）

Scammon, R. E.（1930）．The measurement of man. In J. A. Harris, D. G. Jackson, D. G. Paterson, & R. E. Scammon.（Eds.），*The measurement of the body in childhood*. Minneapolis: University of Minnesota Press.（高石昌弘・樋口 満・小島武次（1981）．体の発達―体発達学へのアプローチ 大修館書店）

下仲順子（2004）．第 1 章 生涯発達と臨床心理査定技法 大塚義孝・岡堂哲雄・東山紘久・下山晴彦（監修）下仲順子（編） 臨床心理学全書 6 臨床心理査定技法

1　誠信書房

白井　常（1978）．　第9章 発達の要因　藤永　保・三宅和夫・山下栄一・依田　明・空井健三・伊沢秀而（編）　乳幼児心理学テキストブック心理学（3）　有斐閣

高木正孝（1950）．　遺伝と環境　脳研究，**8**, 84-89.

高橋たまき（1978）．　第8章 成熟と学習　藤永　保・三宅和夫・山下栄一・依田　明・空井健三・伊沢秀而（編）　乳幼児心理学テキストブック心理学（3）　有斐閣

高野清純・横島　章・新井邦二郎・高橋道子（1977）．　図説発達心理学　福村出版

寺下貴美（2011）．　第7回 質的研究方法論─質的データを科学的に分析する　日本放射線技術学会雑誌，**67**, 413-417.

吉田圭吾（1994）．　Erikson, E. H. のライフ・サイクル論における renerativity について─登校拒否男児の母親の事例研究を通して　神戸大学発達科学部研究紀要，**2**(1), 21-32.

吉田圭吾（1995）．　第5章 人間関係の心理臨床　沢田瑞也（編）　人間関係の発達心理学1　人間関係の生涯発達　培風館

◆◆ 第5章 ◆◆

Johnson, C. P., & Blasco, P. A.（1997）．Infant growth and development. *Pediatrics in Review*, **18**, 224-242.

城後　豊・竹田安宏（2007）．　プレ・ゴールデンエイジにおける運動能力発達を促す「KIDS ラダー」の開発　北海道教育大学紀要（教育科学編），**58**, 105-113.

経済産業省（2007）．「size-JPN 2004-2006」調査結果について
http://warp.ndl.go.jp/info:ndljp/pid/286890/www.meti.go.jp/press/20071001007/01_press.pdf（2017/09/13 検索）

厚生労働省（2008）．　平成12年乳幼児身体発育調査報告書

厚生労働省（2010）．　性別にみた出生時の身長別出生数・構成割合
http://www.mhlw.go.jp/toukei/saikin/hw/jinkou/suii09/brth6.html （2016/05/22 検索）

なすびの医学 STUDY 王国　原始反射（2005/11/30 更新）
http://www.geocities.jp/study_nasubi/m/m9.html （2016/08/09 検索）

増田貴人（2011）．　運動が苦手・不器用　辻井正次（編）特別支援教育実践のコツ─発達障害のある子どもの〔苦手〕を〔得意〕にする（pp.48-54.）　金子書房

McPhillips, M., Hepper, P. G., & Mulhern, G.（2000）．Effects of replicating primary-reflex movements on specific reading difficulties in children: A randomised, double-blind, controlled trial. *The LANCET*, **388**, 537-541.

文部科学省（2007）．　平成12年度学校保健統計調査報告書

文部科学省（2014）．　平成26年度体力・運動能力調査結果の概要及び報告書について「年齢と体力・運動能力テスト項目ごとにみた一般的傾向」
http://www.mext.go.jp/b_menu/toukei/chousa04/tairyoku/kekka/k_detail/1362690.htm（2016/08/13 検索）

Morley, J. E., Abbatecola, A. M., Argiles, J. M., Baracos, V., Bauer, J., Bhasin, S., Cederholm, T., Stewart Coats, A. J., Cummings, S. R., Evans, W. J., Fearon, K., Ferrucci, L., Fielding, R. A., Guralnik, J. M., Harris, T. B., Inui, A., Kalantar-Zadeh, K., Kirwan, B-A., Mantovani, G., Muscaritoli, M., Newman, A. B., Rossi-Fanelli, F., Rosano, G., Roubenoff, R., Schambelan, M., Sokol, G. H., Storer, T. W., Vellas, B., Haehling, S.,

Yeh, S., & Anker, S. D.（2011）. Sarcopenia with limited mobility:An international consensus. *Journal of the American Medical Director Association*, 12, 403-409.

村木重之（2011）. 筋力と筋量の経年的変化および運動器疾患との関連 医学のあゆみ , **236**, 470-473.

成瀬悟策（2000）. 動作療法 まったく新しい心理治療の理論と方法 誠信書房

日本臨床整形外科学会（2015）. ロコモパンフレット日本臨床整形外科学会 https://www.joa.or.jp/public/locomo/locomo_pamphlet_2015.pdf （2017/08/05 検索）

Panasonic ヘルスケア（2014）. 子どもの肥満 http://panasonic.jp/health/library/oshiete/06/img/vol2_graph01.gif （2015/05/22 検索）

Piper, M. C. & Darrah, J.（1994）. *Motor Assessment of the Developing Infant*. WB Saunders Co.

Portmann, A.（1961）. 人間はどこまで動物か 岩波書店

心理学用語集 サイコタム（2011）. 発達加速現象 http://psychoterm.jp/basic/development/ （2015/05/17 検索）

体育科学センター（1998）. 第 11 回公開講演会講演要旨 2. 身体発育の経過と発育曲線 フィットネス向上の科学 体育科学, 第 28 巻 http://nippon.zaidan.info/seikabutsu/1998/00071/contents/140.htm

谷本芳美・渡辺美鈴・河野 令・弘田千賀・高崎恭輔・河野公一（2010）. 日本人筋肉量の加齢による特徴 日老医誌 , **47**, 52-57.

Taylor, M., Houghton, S., & Chapman, E.（2004）. Primitive reflexes and attention-deficit/hyperactivity disorder: Developmental origins of classroom dysfunction. *International Journal of Special Education*, **19**, 23-37.

Teitelbaum, O., Benton, T., Shah, P. K., Prince, A., Kelly, J. L., & Teitelbaum, P.（2004）. Eshkol-Wachman movement notation in diagnosis: The early detection of Asperger's syndrome. *PNAS*, **101**, 11909-11914.

Zafeiriou, D. I.（2004）. Primitive reflexes and postural reactions in the neurodevelopmental examination. *Pediatric Neurology*, **31**, 1-6.

◆◆ 第 6 章 ◆◆

Coleman, J., & Hendry, L. B.（1999）. *The nature of adolescence* (3rd ed.). Rouledge.（白井利明ほか（訳）（2003）. 青年期の本質 ミネルヴァ書房）

藤村宣之（編）（2009）. いちばんはじめに読む心理学の本発達心理学 ミネルヴァ書房

福田忠彦（1990）. 高齢者とテレビ—加齢に伴う視覚機能の変化 テレビジョン学会誌 , **44**, 39-46.

育視舎視覚発達支援センター（2010）. 視覚の発達 http://www.ikushisya.com/hattatsu.html （2016/05/26 検索）

糸山泰造（2010）. 「九歳の壁」はあるのか—その乗り越え方 児童心理 , 5 月号 , 538-544.

Liebert, R. M., Poulos, R. W., & Marmer, G. S.（1977）. *Developmental Psychology* (2nd ed.). Prentice Hall Inc.（村田孝次（訳）（1978）. 発達心理学上巻 新曜社）

三嶋唯義（1981）. ピアジェ晩年の思想 行路社

Nolen-Hoeksema, S., Fredrickson, B. L., Loftus, G. R., & Luts, C.（2014）. *Atkinson &*

Hilgard's Introduction to Psychology（16th ed.）. Cengage Learning EMEA.（内田一成（監訳）（2015）．ヒルガードの心理学 第16版 3 心理発達（pp.106-108.）金剛出版）

Shayer, M., & Wylam, H.（1978）. The distribution of Piagetian stages of thinking in British middle and secondary school children. Ⅱ－ 14- to 16-year-olds and sex differentioals. *British Journal of Educational Psychology*, **48**, 62-70.

塩田清二（2012）．〔香り〕はなぜ脳に効くのか　アロマセラピーと先端医療　NHK出版新書

立木　孝・一戸孝七（2003）．加齢による聴力悪化の計算式　*Auditory Japan*, **46**, 235-240.

高橋一公（2002）．加齢にともなう高齢者の視覚的認知機能の変化　東洋文化研究所所要, **6**, 29-48.

常石秀市（2008）．感覚器の成長・発達　バイオメカニズム学会誌, **32**, 69-73.

山口利勝（2015）．山口先生の心理学教室（2015/10/16 更新）　第5回発達における初期経験の重要性
　http://blog.livedoor.jp/humon007/archives/564243.html　（2016/05/27 検索）

山岨達也（2011）．乳幼児難聴の聴覚医学の問題「治療における問題点」　Audiology Japan, **54**, 649-664.

山岨達也・越智　篤（2014）．聴覚に関わる社会医学的諸問題「加齢に伴う聴覚障害」 *Audiology Japan*, **57**, 52-62.

吉澤朝弘（2003）．性格や行動に変化をもたらすコミュニケーション障害
　http://www.min-iren.gr.jp/ikei-gakusei/igakusei/zi5_medi/mw-ken/mw-ken-16.html
　（2015/05/08 検索）

◆◆ 第7章 ◆◆

Mason, D. J., & Smith, S. C.（2005）. *The Memory Doctor: Fun, simple techniques to improve memory & boost your brain power*. New Harbinger Publications.（岩波　明・川面知弘（訳）（2006）．メモリー・ドクター──楽しく学べる物忘れ防止トレーニング　清和書店）

Nolen-Hoeksema, S., Fredrickson, B. L., Loftus, G. R., & Luts, C.（2014）. *Atkinson & Hilgard's Introduction to Psychology*（16th ed.）. Cengage Learning EMEA.（内田一成（監訳）（2015）．ヒルガードの心理学 第16版 5 知覚（p.208）金剛出版）

大平英樹（編）（2010）．感情心理学・入門　有斐閣アルマ

Park, D. C. & Gutchess, A. H.（2002）. Aging, cognition, and culture: a neuroscientific perspective. *Neuroscience and Biobehavioral Reviews*, **26**, 859-867.

Squire, L. R. & Zola, S. M.（1996）. Structure and function of declarative and nondeclarative memory systems. *Proceedings of the National Academy of Sciences of the United States of America*, **93**（24）, 13515-13522.

田中智志（2005）．臨床哲学がわかる事典　日本実業出版社

和田英樹（2010）．感情をコントロールする力「怒り」「不安」「ストレス」を溜めない習慣　PHP研究所

◆◆ 第 8 章 ◆◆

藤岡英雄（2008）．おとなの学びの行動学 第 2 部 学習関心と行動―成人の学習に関する実証的研究 学文社

Maslow, A. H.（1970）．*Motivation and personality*（2nd ed.）．Harper & Row.（小口忠彦（訳）（1987）．改訂新版 人間性の心理学 モチベーションとパーソナリティ 産能大学出版部）

森 敏昭・岡 直樹・中條和光（2011）．心理学の世界基礎編 2 学習心理学理論と実践の統合をめざして 培風館

Ryan, R. M.,& Deci, E. L.（2000）．Intrinsic and extrinsic motivations: Classic definitions and new directions. *Contemporary educational psychology*, **25**, 54-67.

杉谷乃百合（2011）．大学生のモーティベーション，メタ認知，学習スキルキリストと世界 東京基督教大学紀要 2012, 22, 105-113.

◆◆ 第 9 章 ◆◆

安西祐一郎（1985）．問題解決の心理学―人間の時代への発想（pp. 222-235.） 中公新書

伏見貴夫（2005）．言語能力の加齢変化 財団法人東京都老人総合研究所 第 57 回老年学公開講座（2015/7/4 検索）

平居利朗・飯高京子（1988）．就学前児における文字のレディネス課題調査 第 26 回日本特殊教育学会大会発表論文集, 428-429.

北原靖子（1989）．視覚的形態把握における分節の発達的検討 教育心理学研究, 37, 198-207.

久保田賢一（2003）．構成主義が投げかける新しい教育 コンピュータ＆エデュケーション, **15**, 12-18.

Kuhl, P. K., Stevens, E., Hayashi, A., Deguchi, T., Kiritani, S., & Iverson, P.（2006）．Fast-Track report Infants show a facilitation effect for native language phonetic perception between 6 and 12 months. *Developmental Science*, **9**（2）, F13-F12.

森 敏昭・岡 直樹・中條和光（2011）．心理学の世界基礎編 2 学習心理学理論と実践の統合をめざして 培風館

中島秀之・高野陽太郎・伊藤正男（1994）．岩波講座認知科学 8 思考 岩波書店

Nolen-Hoeksema, S, Fredrickson, B. L.,Loftus, G. R. & Luts, C.（2014）．*Atkinson & Hilgard's Introduction to Psychology*（16th ed.）．Cengage Learning EMEA.（内田一成（監訳）（2015）．ヒルガードの心理学 第 16 版 12 知能（pp. 602-633.） 金剛出版）

崎原秀樹（1998）．幼児における文字の視写の発達的変化―分節・構成の観点からの検討 教育心理学研究, **46**, 92-100.

Spoehr, K. T., & Lehmkuhle, S. W.（1982）．*Cognitive science & information processing 3 : Visual information processing*. San Francisco, W. H. Freeman.（苧阪直行ほか（訳）（1986）．視覚の情報処理―「みること」のソフトウェア サイエンス社）

泰羅雅登（2009）．読み聞かせは心の脳に届く くもん出版

高橋 登（1993）．入門期の読み能力の熟達化過程 教育心理学研究, **41**, 264-274.

Whitehurst, G. J., Falco, F. L., Lonigan, C. J., Fischel, J. E., DeBaryshe, B. D., Valdez-Menchaca, M. C., & Caulfield, M.（1988）．Accelerating language development through picture book reading. *Developmental Psychology*, **24**, 552-559.

Wilson, R. S., Boyle, P. A., Yu, L., Barnes, L. L., Schneider, J. A., & Bennett, D. A.（2013）. Life-span cognitive activity, neuropathologic burden, and cognitive aging. *Neurology*, **81**, 314-321.

義村敦子（2014）. 創造的概念と人的資源管理に関する考察　成蹊大学経済学部論集, **45**（2）, 91-100.

◆◆ 第10章 ◆◆

Atkinson, R. L., Atkinson, R. C., Smith, E. E., Bem, D. J. & Nolen-Hoeksema, S.（1996）. *Hilgard's Introduction to Psychology*. 13 Personality（pp.446-471.）Harcourt Brace College Publishers.

Dutton, D. G. & Aron, A. P.（1974）. Some evidence for heightened sexual attraction under conditions of high anxiety. *Journal of Personality and Social Psychology*, **30**, 510-517.

Ekman, P., & Friesen, Z. V.（1975）. *Unmasking the face*. Prentice-Hall.（工藤　力（訳）（1987）. 表情分析入門—表情に隠された意味をさぐる　誠信書房）

廣瀬史恵・岡村寿代・井上雅彦（2010）. 幼児における自己感情と他者感情の理解—性差および年齢差に付いての検討　発達心理臨床研究, **16**, 71-80.

Janet, P.（1929）. *L'Évolution Psychologique de la Personnalité*. Paris : Éditions A. Chahine.（関　計夫（訳）（1955）. 人格の心理的発達　慶応通信刊）

木島伸彦（2014）. クロニンジャーのパーソナリティ理論入門　北大路書房

枡田　恵（2014）. 幼児期における感情の理解と表情表現の発達　発達心理学研究, **25**, 151-161.

Matsuda, Y., Okanoya, K., & Myowa, M.（2013）. Shyness in early infancy: Approach-avoidance conflicts in temperament and hypersensitivity to eyes during initial gazes to faces. *PLoS ONE*, **8**(6), e65476.

http://dx.doi.org/10.1371/journal.pone.0065476　（2016/09/01 検索）

Nolen-Hoeksema, S., Fredrickson, B. L., Loftus, G. R., & Luts, C.（2014）. *Atkinson & Hilgard's Introduction to Psychology*（16th ed.）. Cengage Learning EMEA.（内田一成（監訳）（2015）. ヒルガードの心理学 第16版 13 人格（p. 653-675）金剛出版）

大河原美以（2010）. 教育臨床の課題と脳科学研究の接点（1）—「感情制御の発達不全」の治療援助モデルの妥当性　東京学芸大学紀要 総合教育科学系Ⅰ, **61**, 121-135.

大平英樹（編）（2010）. 感情心理学・入門　有斐閣アルマ

佐藤眞一・高山　緑・増本康平（2013）. 老いのこころ　新曜社

下仲順子（編）（2007）. 高齢期の心理と臨床心理学　培風館

高野清純（1995）. 感情の発達と障害　福村出版

高野清純ほか（1977）. 図説発達心理学　福村出版

田中智志（2005）. 臨床哲学がわかる事典　日本実業社

辻平次郎（編）（1998）. 5因子性格検査の理論と実際—こころをはかる5つのものさし　北大路書房

和田英樹（2010）. 感情をコントロールする力「怒り」「不安」「ストレス」を溜めない習慣　PHP研究所

◆◆ 第 11 章 ◆◆

Burman, E.（2008）. *Deconstructiong developmental psychology*（2nd ed.）. Psychology Press.（青野篤子・村本邦子（訳）（2012）. 発達心理学の脱構築 ミネルヴァ書房）

大坊郁夫（2001）. 対人コミュニケーションの社会性 対人社会心理学研究, **1**, 1-16.

Erikson, E. H., & Erikson, J. M.（1997）. *The life cycle completed: a review.* W.W.Norton & Company INC.（村瀬孝雄・近藤邦夫（訳）（2001）. ライフサイクル, その完結〔増補版〕 みすず書房）

藤村宣之（編著）（2009）. いちばんはじめに読む心理学の本 3 発達心理学 ミネルヴァ書房

池上嘉彦（1984）. 記号論への招待 岩波新書

小林春美（2002）. 第 5 章 言語発達の概観 1 言語前期の言語発達 岩立志津夫・小椋たみ子（編） シリーズ / 臨床発達心理学 4 言語発達とその支援（p. 69-79.） ミネルヴァ書房

久保田賢一（2003）. 構成主義が投げかける新しい教育 コンピュータ＆エデュケーション, **15**, 12-18.

Nolen-Hoeksema, S., Fredrickson, B. L., Loftus, G. R., & Lutz, C.（2014）. *Atkinson & Hilgard's introduction to psychology*（16th ed.）. Andrew Ashwin.

岡田尊司（2011）. 愛着障害―子ども時代を引きずる人々 光文社新書

岡田尊司（2013）. 回避性愛着障害―絆が希薄な人たち 光文社新書

佐治守夫（1995）. 思春期の心理臨床 日本評論社

山本多喜司（編）（1983）. 児童心理学図説 吉森 護・浜名外喜男・深田博己（著） 第 10 章社会性の発達（p. 168） 北大路書房

◆◆ 第 12 章 ◆◆

American Psychiatric Association（2013）. *Diagnostic and Statistic manual of Mental Disorderd*（5th ed.） 日本精神神経学会（監修）高橋三郎・大野裕（監訳）（2014）. DSM-5 精神疾患の診断・統計マニュアル 医学書院

星野仁彦（2013）. 私は発達障害のある心療内科医 マキノ出版

Kaien（2017）. 大人の ADHD（注意欠如多動性障害）
http://www.kaien-lab.com/aboutdd/adhd/ （2017/04/29 検索）

文部科学省（2012）. 通常の学級に在籍する発達障害の可能性のある特別な教育的支援を必要とする児童生徒に関する調査結果について（2012/12/05 更新）
http://www.mext.go.jp/a_menu/shotou/tokubetu/material/1328729.htm （2017/05/08 検索）

岡田尊司（2012）. 愛着崩壊 子どもを愛せない大人たち 角川学芸出版

大隅典子（2016）. 脳からみた自閉症「障害」と「個性」のあいだ 講談社

田淵俊彦（2016）. NNN ドキュメント取材班 ストーカー加害者：私から, 逃げてください 河出書房新社

梅谷忠男・生川善雄・堅田明義（編著）（2015）. 特別支援児の心理学［新版］―理解と支援 北大路書房

事項索引

謝 辞

　本書は，多くのことが重なって出版が実現しました。きっかけというか，種がいくつかあります。まず，姪から「本を書いてよね」と言われたことがありました。私の心理学上の専門は発達心理学です。著名な人が立派な書物を書かれているので，今さら私が本を書く意味があるのかと考えていました。そのような中，本書の第1章を著してくださった金西計英氏からアクティブラーニングで授業を行うと学生とのやりとりが面白いという話をお伺いしました。同じ時期に徳島大学内で実施された FD（Faculty Development：大学教員の教育能力を高めるための実践的取組）で講師をされていた高橋暁子氏の話を伺い，実践方法や評価方法が明らかになりました。それまでも発達心理学の授業でグループワークやグループプレゼンテーションを取り入れたことはありましたが，それを評価するという視点を持ち合わせていなかった編者には新鮮に映りました。

　そのようなとき，中国四国心理学会に参加し，北大路書房の若森乾也氏との出会いがありました。山本力氏が編者のお一人である『心理臨床家のための「事例研究」の進め方』（2001 年，北大路書房）という図書をよく使用していましたので，若森氏とそのことについてお話をさせていただきました。その際，何か企画があればという言葉をいただきました。リップサービスと受け止めていましたが，先の金西氏と高橋氏のお話が頭の片隅にあり，この手法を発達心理学を素材にして紹介することは意義があるかもしれないと考えるようになり，若森氏に出版をお願いすることとしました。若森氏からは，公認心理師カリキュラムのことを含めてはなど，いくつかの有益なアドバイスをいただきました。その後，薄木敏之氏に編集をしていただき，多くのご意見をいただきました。

このように北大路書房の若森氏と薄木氏によって育てていただき，いくつかの種が結実したものとなりました。本書の中のたとえでは，編者の姪や甥，学生の発言を使用しております。ヒントをいただきました方々にも，この場を借りて感謝いたします。

編著者

山本　真由美

◆◆◆ 編者紹介 ◆◆◆

山本 真由美（やまもと まゆみ）

1956 年　大阪府に生まれる
1982 年　大阪教育大学大学院教育学研究科修士課程修了
2008 年　徳島大学大学院医科学教育部医学専攻（博士課程）修了　博士（医学）
現　在　徳島大学大学院教授

【主著・論文】
　コンピュータを活用した保育の実際―ゆたかな心を育む為に―（共著）　北大路書房　2004 年
　保育者のための教育と福祉の事典（共著）　建帛社　2012 年
　Construction and reliability of Japanese version of the Adolescent Egocentrism-Sociocentrism(AES) scales and its preliminary application in the Japanese university students（共著）*The Journal of Medical Investigation*, 55, 254-259. 2008 年

◆◆◆ 執筆者一覧 ◆◆◆

山本　真由美　（徳島大学総合科学部）　　　　　編者，第 3 ～ 12 章
金西　計英　　（徳島大学総合教育センター）　　第 1 章
高橋　暁子　　（徳島大学総合教育センター）　　第 2 章

発達心理学をアクティブに学ぶ

2017 年 12 月 10 日　初版第 1 刷印刷	定価はカバーに表示
2017 年 12 月 20 日　初版第 1 刷発行	してあります。

編著者　　山本　真由美

発行所　　　（株）北大路書房

〒 603-8303　京都市北区紫野十二坊町 12-8
電話（075）431-0361（代）
FAX（075）431-9393
振替　01050-4-2083

©2017　　　　　　　　　　印刷・製本／亜細亜印刷（株）
検印省略　落丁・乱丁本はお取り替えいたします。
ISBN978-4-7628-3004-4　Printed in Japan